山西高平
明清寺观壁画
考察与研究

谷东方 · 著

青岛出版集团 | 青岛出版社

图书在版编目（CIP）数据

山西高平明清寺观壁画考察与研究 / 谷东方著 . —— 青岛 : 青岛出版社 , 2024.9
ISBN 978-7-5736-1480-3

Ⅰ . ①山… Ⅱ . ①谷… Ⅲ . ①寺庙壁画—研究—山西—明清时代 Ⅳ . ① K879.414

中国国家版本馆 CIP 数据核字（2023）第 201775 号

	SHANXI GAOPING MINGQING SIGUAN BIHUA KAOCHA YU YANJIU	
书　　名	**山西高平明清寺观壁画考察与研究**	
著　　者	谷东方	
出版发行	青岛出版社（青岛市崂山区海尔路 182 号）	
本社网址	http://www.qdpub.com	
邮购电话	0532-68068091	
策划编辑	申　尧	
责任编辑	张凯歌	
装帧设计	乔　峰	
照　　排	青岛新华出版照排有限公司	
印　　刷	青岛名扬数码印刷有限责任公司	
出版日期	2024 年 9 月第 1 版　2024 年 9 月第 1 次印刷	
开　　本	16 开（690mm×1000mm）	
印　　张	19.75	
字　　数	316 千	
书　　号	ISBN 978-7-5736-1480-3	
定　　价	298.00 元	

编校印装质量、盗版监督服务电话　4006532017　0532-68068050

目录

引　言

据《辞海》，高平市位于山西省东南部、丹河上游，《方舆胜览》中载："四面皆山，而中有平地，故曰高平。"西汉置泫氏县，北魏改设高平县。1993年改设市。高平历史悠久，文化积淀深厚，古迹有长平古战场、羊头山石窟、开化寺等，还有很多遗存古代壁画的庙宇。

我国古代壁画可分墓室壁画、石窟壁画和寺观壁画三类。山西省遗存了大量古代寺观壁画，而高平地区更是壁画遗存的密集区域。高平古代寺观壁画的主题、内容非常丰富，是山西古代寺观壁画的重要组成部分，堪称古代寺观壁画的瑰宝。然而，目前国内外学界对高平古代寺观壁画关注不够，系统的基础性研究成果较少，多数成果集中在对开化寺大雄宝殿北宋壁画的研究上。

为了发展文化产业建设，深入挖掘古代壁画资源，在高平市文化研究与创意产业中心的支持下，调研组于2013年12月至2014年8月对高平地区庙宇遗存的古代壁画进行了系统调查。根据调查结果可知，目前遗存壁画的寺观有92处（本书保留考察时的村名），分布在131座殿房内，面积达2970.54平方米[①]。

在高平已知时期的古代壁画中（表1），北宋的有1处，元代的有1处，明代的有5处，清代的有67处。明代以前的壁画遗存数量较少，这也表明绘制时期越早的壁画越难保存。明代以前的壁画绘制技法普遍较高，而清代的壁画绘制水平却参差不齐。在清代大规模重修庙宇时，或许经常发生将前代壁画刷掉重绘或直接在原壁画上描绘、改绘等情况，只有个别绘制精美、保存完好的壁画在清代得以幸免，保留了原貌。

表1　高平已知时期的古代壁画

时期	壁画所在寺观及殿堂
北宋	舍利山开化寺大雄宝殿（绍圣三年，1096年）
元	上董峰村万寿宫三教殿

[①] 未将漫漶严重的壁画及影梁、拱眼壁、梁架彩绘等图案的面积计算在内。

表1（续表）

时期	壁画所在寺观及殿堂
明天顺年间	伯方村仙翁庙正殿
明嘉靖年间	米东村定林寺地藏殿（嘉靖四年，1525年）、良户村玉虚观中殿、南李村佛堂寺正殿
明万历年间	米西村铁佛寺正殿
清康熙年间	侯家庄村西庙耳房、长畛村祖师庙正殿、牛村玉皇庙正殿、朱家庄村北庙正殿、刘庄村北大庙正殿
清雍正年间	河东村关帝庙中殿、大周村火神庙大殿、东靳寨村东庙正殿（雍正十三年，1735年）
清乾隆年间	东善村三官庙正殿、常家沟村炎帝庙正殿（乾隆十三年，1748年）、西李家庄村三官殿正殿、东窑头村诸神庙西耳房、唐家山村老君堂东殿、沟底村古佛堂正殿、南庄村玉皇庙西厢房、圪头村玉皇庙正殿、侯家庄村西庙西小厢房、杜村关帝庙正殿、白家坡村观音堂正殿、贺庄村五谷财神庙正殿、牛村玉皇庙舞楼屏风、孝义村结义庙大殿、西曲村大庙正殿、山头村观音庙正殿、朱家山村西阁正殿
清嘉庆年间	石嘴头村关帝殿（嘉庆六年，1796年）、关家村山神堂正殿、东韩村观音庙正殿、东李门村关帝庙正殿（嘉庆十三年，1808年）、伞盖村仙翁庙西耳房、企甲院村二仙庙西耳房、双井村财神阁大殿、窑栈村关圣庙正殿、石门村玉皇庙正殿
清道光年间	张家村祖师庙正殿、龙尾村关帝庙正殿（道光二年，1822年）、箭头村炎帝庙正殿、泉则头村观音堂正殿、什善村关帝庙正殿、西郭庄村关帝庙正殿、安家村关帝庙正殿、西李门村祖师庙正殿、焦河村炎帝庙正殿、郭家沟村关帝庙正殿、靳家村观音堂正殿、山头村关帝庙正殿、赵庄村真武庙正殿、后山沟村关帝庙正殿、马家村玉皇庙正殿（道光二十三年，1843年）、南杨村关帝阁正殿、举棒村仙翁庙正殿
清咸丰年间	阁老村汤王庙西耳房、伞盖村仙翁庙东厢房、上董峰村万寿宫圣姑殿、康营村成汤庙前舞楼屏风
清同治年间	西李家庄村关帝阁大殿（同治六年，1867年）、河泊村观音庙左耳房、唐家山村老君堂中殿和西殿、中沙壁村三官庙正殿

表1（续表）

时期	壁画所在寺观及殿堂
清光绪年间	康营村成汤庙东厢三义殿、丹水村二仙庙正殿（光绪八年，1882年）、什善村慈云阁正殿、高良村观音堂正殿、大西沟村成汤庙正殿、东善村关帝庙大殿、后沟村三官庙正殿、毕家庄村老君堂大殿

（注：庙宇内若存多方题记，笔者从中甄别出接近或合理的年代，难以辨别者依据就低原则，选取下限年代设为绘制时间。）

在遗存的67处清代壁画中，康熙年间的有5处，约占7%；雍正年间的有3处，约占4%；乾隆年间的有17处，约占25%；嘉庆年间的有9处，约占13%；道光年间的有17处，约占25%；咸丰年间的有4处，约占6%；同治年间的有4处，约占6%；光绪年间的有8处，约占12%。从统计数据来看，清雍正及其以前的壁画较少，乾隆至道光年间修庙画壁较为繁盛，而咸丰以后则逐渐衰微。

高平地区明清寺观壁画体系庞大，风格多样，题材丰富，内容繁杂，在很大程度上反映了当时的社会思想、艺术文化、民众生活及信仰等方面的状况。系统地对其进行题材内容、思想内涵和画面样式等方面的基础研究，有助于揭示高平古代壁画的整体面貌，补充山西古代壁画体系，丰富和拓展我国古代壁画研究领域。

1. 铁炉村清梦观

位于陈区镇铁炉村，坐北朝南①，前后两进院落，现存山门、中殿、拜亭、正殿及两侧钟楼、鼓楼、配殿、厢房和耳房。2006 年被列为全国重点文物保护单位。

中殿名三清殿，位于院落中部，面阔三间，进深六椽，歇山顶。据院内《创建清梦观记》记载，该殿始建于元中统二年（1261），其后虽经历明清时期多次修缮，建筑风格仍保留元代特色（图1）。

图 1　清梦观三清殿

殿内四壁遗存壁画。前壁门两侧绘二道士（图2），画面高 210 厘米，宽 102 厘米。二道士戴道冠，披鹤氅，双手捧笏板，相对而立。西侧道士图像旁残存墨书"大明山西"。两侧壁画面高 210 厘米，宽 922 厘米，后壁画面高 210 厘米，宽 356 厘米，其上绘"老子八十一化图"（图3）。现壁面漫漶较重，加之曾被白灰遮盖，保存状况不佳。壁画采用连环画格式布局，分为3层，两侧壁每层10格，后壁每层8格，共84格（表2）。根据现有榜题能够推测出每格内容。

① 高平地区绝大多数庙宇或正殿坐北朝南，下文中为该朝向的庙宇不再赘述，其中含南偏东或偏西 10 度以内的殿宇。

图 2　清梦观三清殿前壁西侧道士图

图 3　清梦观三清殿东壁

表 2　清梦观三清殿"老子八十一化图"位置示意图

	1	2	3	4	5	6	7	8	9	10	11	12	13	14	
后门	15	16	17	18	19	20	21	22	23	24	25	26	27	—	前壁
	28	29	30	31	32	33	34	35	36	37	38	39	40	41	
	后壁东部			东壁											

	55	54	53	52	51	50	49	48	47	46	45	44	43	42	
前壁	—	68	67	66	65	64	63	62	61	60	59	58	57	56	后门
	—	81	80	79	78	77	76	75	74	73	72	71	70	69	
	西壁										后壁西部				

西晋时期，为与佛教论争，国子学祭酒王浮创作《老子化胡经》，称老子西出函谷关后，赴天竺成为佛陀教化胡人。[1] 宋末，道家在"老子化胡说"的基础上创作出的"老子八十一化图"广泛流传。[2] 元至元十八年（1281），道教与佛教论争失败后，元世祖忽必烈下令焚毁《老子化胡经》、"老子八十一化图"和多部道教经籍，并刻石记录经过。[3] 到了明代，"老子八十一化图"再次出现，并在明中期以后广泛传播。

下文根据《老君历世应化图说》[4]（以下简称《图说》）解读殿内部分保存较为清晰的壁画内容。

第14格：正中绘一圆形，老君笼袖趺坐在圆形内，周身环绕光芒，外层云气中可辨多件器具及正在制作器具的人。左上角榜题漫漶不明（以图像本身来确定左右方位，下同）。该图像应处于第十四化的位置，但内容与《图说》中第十七化"始器物"接近。《图说》载："第十七化：始器物。老君在祝融时，下降衡山，号广寿子，以《人皇内经》《灵宝五千文》授于祝融。融观斯经，则知金玉

---

[1]（南朝梁）僧祐《出三藏记集传》卷十五《法祖法师传》载："帛远字法祖，本姓万氏，河内人……又见祭酒王浮……与浮每争邪正，浮屡屈，既意不自忍，乃作老子化胡经以诬谤佛法。"参见《大正藏》第五十五册，第107页。（本书中引用的《大正藏》内容均来自"CBETA电子佛典2004"，后文不再标注出处）

[2]（元）祥迈撰《辩伪录》卷三载："壬辰中（蒙古太宗四年，1229年）……狐璋首集伪说史志经，又广邪文……采王浮之诡说，取西升之部谈，学佛家八十二龛，糅老子八十一化，要合九九之数……道门志常以八十一化图刻板既成，广张其本，若不远近咸布。"参见《大正藏》第五十二册，第765页。

[3]（元）常念集《佛祖历代通载》卷二十一载："《圣旨焚毁诸路伪道藏经之碑》……昔在宪宗皇帝朝，道家者流出一书，曰老君化胡成佛经，及八十一化图，镂板传布……（至元）十八年九月，都功德使司脱因小演赤奏言：'往年所焚道家伪经板本化图，多隐匿未毁……'于是上命枢密副史与前中书左丞文谦秘书监友直释教总统，合台萨哩太常卿忽都于思中书省客省使都鲁在京僧录司教禅诸僧及臣等，诣长春宫无极殿，偕正一天师张宗演全真掌教祁志诚大道掌教李德和杜福春暨诸道流，考证真伪。翻阅兼旬，虽卷帙数千，究其本末，惟道德二篇为老子所著，余悉汉张道陵，后魏寇谦之，唐吴筠、杜光庭，宋王钦若辈，撰造演说，凿空架虚，罔有根据……上可其奏，遂诏谕天下，道家诸经可留道德二篇，其余文字及板本化图，一切焚毁，隐匿者罪之……乃以十月壬子，集百官于悯忠寺，焚道藏伪经杂书，遣使诸路俾遵行之。"参见《大正藏》第四十九册，第708页。

[4] 本书参考的《老君历世应化图说》为民国二十五年（1936）印本，刊刻于成都二仙庵，王伏阳重刊，中国国家图书馆和北京大学图书馆善本部均有收藏。

七宝之所在。范土为金，冶石为铁。乃造刀斧铅凿等，以利益众生，使不损手爪之用。"

第63格（图4）：位于西壁中层中部。老君趺坐于正中方形座上，周围立侍者，左下绘葛公跪坐于地，伸手正欲接前面童子向他递出的物品。榜题漫漶不可辨。从画面位置、胁侍、"九光玉蕴"等因素判断，该格画面与第六十三化"授大洞"内容接近《图说》载："第六十三化：授大洞。灵帝光和二年己未正月朔，老君敕太极真人、三洞法师徐来勒等，同降于天台山。老君乘八景玉舆，从官千万，正一真人侍焉。老君自号太上玄一真人，真定光为《洞真经》高玄法师，命侍仙玉郎王思真披九光玉蕴，出《洞玄大洞经》《灵宝经》凡三十六部，以授葛公。"

图4　清梦观三清殿西壁第63格"授大洞"图

第64格（图5）：左侧绘二男子在亭下交谈，庭院中立二童子，画面右上部云气之中有几只鹤，前方鹤背上坐一人。左上角榜题仅可辨"六十"字样。从画面位置和二者交谈的场景推测该画面应描绘了第六十四化"拯民灾"《图说》载："第六十四化：拯民灾。昔周武帝召道士严达问曰：'道与释孰优？'达曰：'主优客劣。'帝曰：'主客奚辨？'曰：'释来西域，得非客乎？道在中夏，得非主乎？'帝曰：'客既西归，主无送耶？'达曰：'客归则有益胡土，主在则无损于中华。去者不追，居者自保，不亦可乎？'帝嘉其对，然业已建议，遂断之，止留五岳观庙而已。"

图5　清梦观三清殿西壁第64格"拯民灾"图

第76格：左侧绘老君与二捧笏板的胁侍立于云际，右侧绘六人，前方三人双手捧笏板，向老君躬身施礼，后方三人持扇。左上角榜题"七十六化云龙岩"，墨色浓重，应为后世题写。画面内容与七十六化相差较大，与七十四化"刻三泉"接近《图说》载："第七十四化：刻三泉。天宝十三年甲午，帝幸蜀。老君现于汉中郡三泉黑水之侧。帝礼谒，遂命刻石像真容于所现之处，在秦州望驿南六里许。"

第77格：老君立于云际，左手下垂，右手执扇，右侧可辨五人正在向老君跪拜叩首。左上角榜题"七十七化居玉堂"，墨色较重，可辨重描痕迹。画面内容与第七十七化相差较大，与第七十五化"云龙岩"接近《图说》载："第七十五化：云龙岩。肃宗至德二年丁酉三月十八日，通化郡云龙岩乡民为国祈福，建大斋醮坛，烟雾异香，氤氲不散。至辰时，渐渐开雾，神光照天。因见老君真像立于山前，自地接天，通身白衣，左手垂下，右手执五明扇，仪像炳然，众尽瞻礼，其山虽高，亦不及肘，良久乃隐。"

因壁画漫漶较严重，以上仅对部分画面进行解读，尚未将其置于整体画面中进行比对。从留存部分可以发现，经过后世描摹题写的榜题与画面内容差异较大。

东壁南端中层格内墨书施主姓名，漫漶难辨，不见年号。据观内现存的碑记可知清梦观创建于元代，后经明万历八年（1580）、万历四十年（1612）、清道光四年（1824）数次重修。部分画面和榜题墨色较新，线条生硬，与周围墨线不协调，应为后世摹绘。

2. 伯方村仙翁庙

位于寺庄镇伯方村（图6），规模完整，占地宽阔，中轴线上建有山门、双层亭阁、廊庑、拜殿、正殿，两侧建有钟鼓楼、厢房、耳房（图7）。庙内存多通明清时重修的碑刻。1986年被列为省级文物保护单位，2013年被列为全国重点文物保护单位。

正殿为仙翁祠，又名张果老祠，面阔五间，进深六椽，悬山顶。殿内正中的

图 6　仙翁庙外景

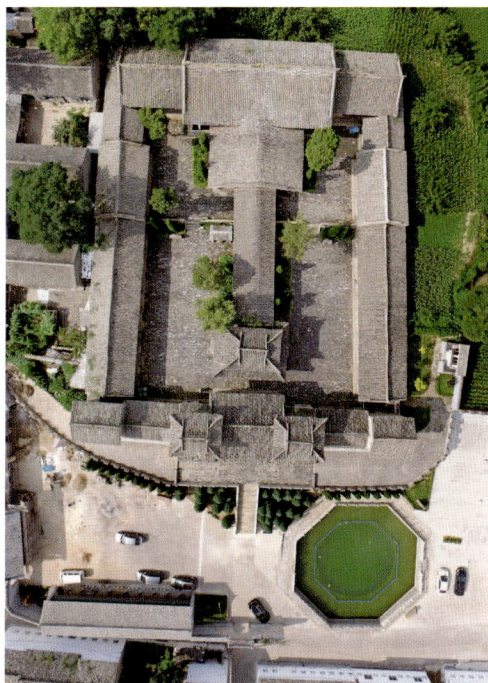

图 7　仙翁庙鸟瞰图

塑像为近些年新置，两侧壁及后壁遗存壁画。

　　后壁画面高 360 厘米，通宽 1678 厘米，现被在当心间位置的砌墙分为左、中、右三段。[①]中段正中绘主尊，戴道冠，着鹤氅，双手置于胸前，倚坐于靠背椅上，两侧为持幡、瓶的侍女和捧笏板的侍者。左右两段对称布局，大体可分两层，下层为龙王、护法、侍者等，上层为龙王、布雨神、功曹等，应为前来朝圣的诸神。

　　东西两侧壁为五花山墙，画面均高 540 厘米，宽 726 厘米，所绘内容和布局接近，均以高耸的山崖为背景，两侧是山洞。以崖壁和山洞为界，可将画面分作四个区域。两壁上部均绘骑白驴的张果老，上方飞一只鹤。中下部大面积绘制众人在云气前行进，正中为一戴道冠，着宽袖长袍的男子，其前后簇拥着持幡、盖、笏、炉、剑等物的侍者等。西壁众人朝向后壁呈进入状，左侧可见八仙，前方的曹国舅手拍云板，后随吹笛的韩湘子和抱剑的吕洞宾等，山洞门半开，何仙

———————————
[①] 画面中段与左右两段的内容无联系，即使无墙，三段内容也各不相接，分段表现。

姑正欲出门。右上绘张果老坐于洞内，身旁一童子在焚香，洞口处立一人双手托牒，洞上方的树上倒挂猿猴（图8）。东壁众人朝向殿门呈外出状，外侧立数人，内侧描绘八仙于洞口围观鹤舞。左上的山洞中绘二人，均腰围树叶，赤足，一人提锄，另一人手托人参状物，此二人可能为修仙者或草木精，后随一黄鹿和一黑猿（图9）。

图8　仙翁祠西壁（任超摄）

图9　仙翁祠东壁（任超摄）

该殿壁画布局严谨，人物比例恰当，设色沉稳，笔势流畅，满壁风动。西壁主要描绘八仙迎主尊的情景，东壁为主尊携众返回的场面。有学者认为殿中供奉的是张果老和唐玄宗，两侧壁画正中体量较大者为唐玄宗，表现了唐玄宗前往泰山封禅和归来时的场面。① 亦有学者认为两侧壁描绘了唐玄宗称帝后重回潞州巡视的情景。② 唐玄宗身穿道装令人生疑，或许可理解为唐玄宗崇道，③ 希望由凡入圣修道成仙。若两侧壁主神为唐玄宗，其率众去泰山封禅或去潞州巡视，都不应当与八仙出现在同一画面中。典籍中有唐玄宗思慕张果老，派使者祈请的故事，④ 西壁右上描绘的使者递信场面即应表现此事（图10），洞中是张果老，托牒者应为使者徐峤。

后壁两侧绘制四龙、五龙王、风雨雷电神等。殿外存明成化七年（1471）刊刻的《重修西总圣仙翁庙记》，该碑载："总圣□□灵庙□焉，即古真仙景也。古人云□□即世所谓张果老是也，故土人立庙祀焉。凡有祈祷者，自然阴德，及□神化无方。若遇岁旱，有祷辄应，能出云雨。"据碑记、后壁画面及殿名推测，后壁主尊可能是总圣仙翁，即张果老。

《重修西总圣仙翁庙记》又载，因殿宇破败，图像剥落，正殿于明天顺六年（1462）至八年（1464）重修，此次整修规模很大，之前的壁画大概难以留下，目前看到的壁画应是明天顺年间绘制。两侧壁上方张果老周围的白色颜料较新，云气显得生硬，应为后世涂绘。

正殿西耳房为双忠殿，隔扇门上的檐垫板表面绘制图像，分上下两层，下层

---

① 李俊杰：《高平发现唐玄宗壁画像》，《山西经济日报》2005年2月21日第008版。

② 楚启恩：《中国壁画史（修订版）》，北京工艺美术出版社，2012，第169—170页。

③ "玄宗初即位，亲访理道及神仙方药之事，及闻变化不测而疑之……玄宗好神仙。"（后晋）刘昫等：《旧唐书》卷一百九十一《列传第一百四十一》，中华书局，1975，第5106页。"（开元）二十九年……五月庚戌，求明道德经及庄、列、文子者……（天宝）二年正月乙卯，作升仙宫……三月壬子……改西京玄元宫曰太清宫，东京曰太微宫……（天宝）十三载……二月壬申，朝献于太清宫，加上玄元皇帝号曰大圣祖高上大道金厥玄元天皇大帝。"（北宋）欧阳修、宋祁：《新唐书》卷五《本纪第五》，中华书局，1975，第142—149页。

④ "张果老先生者，隐于恒州枝条山，往来汾晋。时人传其长年秘术。著老咸云：'有儿童时见之，自言数百岁。'……至开元二十三年，刺史韦济以闻，诏通事舍人裴晤驰驿迎之。果对晤气绝如死。晤焚香启请，宣天子求道之意，须史渐苏。晤不敢逼，驰还奏之。乃令中书舍人徐峤、通事舍人卢重玄赍玺书迎之。果随峤至东都，于集贤院肩舆入宫，备加礼敬。"（唐）刘肃：《大唐新语》卷十《隐逸第二十三》，中华书局，1984，第157页。

图 10　仙翁祠西壁使者送信图

为新绘。① 上层分九格绘制关羽故事，每格右上角墨书图像内容，各格宽约 95 厘米，高约 77 厘米，应为清代绘制。

由东至西第一格画面模糊难辨，榜题"□□□孟德赠马"。第二格绘关羽骑马归来，曹操坐于帐内，榜题"刺颜良关公立功"。第三格绘关羽斩落一将头颅，曹操立于山间观看，榜题"诛文丑□□□□"。第四格绘关羽于桥上回身持刀挑袍，曹操骑马携将士于桥下，榜题"曹孟德□□赠袍"。第五格绘关羽骑马后顾，前方一人推车，两车内各坐一女子，榜题"美髯公千里走单骑"（图 11）。第六格绘关羽驱赶一持刀的将军，榜题"关云长五关斩六将"。第七格绘关羽斩落一将头颅，张飞擂鼓，榜题"斩蔡阳兄弟释疑"。第八格绘关羽躬身搀扶一抱拳半

---

① 檐垫板是檐檩与檐枋之间的木板，位于门窗上方，常见于清代无斗拱建筑。檐垫板分格构建，内外两面大多绘制图像，可视作壁画的延伸。

跪者，一老者向关羽拱手，周围立三人观看，榜题"□□□关公收义子"。第九格绘关羽骑马，旁边为一骑马者和一步行者，榜题"□牛山后续赵子龙"。

图 11　仙翁祠双忠殿檐垫板上"美髯公千里走单骑"图

3. 南李村佛堂寺①

位于东城街道南李村西，现存正殿与两侧耳房。正殿面阔三间，进深五椽，悬山顶，前设檐廊。

殿内后壁两侧共绘八身金刚力士，灰层较新，绘制技法与两侧壁差异较大，应为后世补绘。两侧壁对称绘水陆画，画面均高 212 厘米，宽 300 厘米。每壁画面可分为四层，各层之间以云气相隔，每层绘八组神祇，每组上方墨书榜题神祇名称（部分榜题缺失）。画面基本依照正位神祇、天界神祇、下界神祇、往古人伦、孤魂的顺序排布，与美国普林斯顿大学藏明刻本《天地冥阳水陆仪文》（以下简称《仪文》）中诸神祇次序大体一致。

东壁由上至下第一层绘制引路菩萨、忉利天主、大梵天主、无色界天众、他化自在天主、色界四禅天众、玉皇大帝、日宫天子，第二层绘制皇天后土、十二

_____

① 该寺内容依据吕书炜《山西高平南李村佛堂寺水陆壁画考察》一文改写而成，载于《石窟寺研究》第 9 辑，第 269—279 页。

元辰星君、九耀星君、五岳灵神、南斗六司星君、天龙八部、四大天王、普天列耀众,第三层为顺济龙王众、雷公电母风伯雨师众、大罗叉女众、斗牛女虚危室壁星君、角亢氏房心尾箕星君、十二宫神星君、天蓬天猷四圣真君、太一诸神五方五帝众,第四层绘往古贤流、往古士农工商、往古为国亡躯一切将士众、往古孝子顺孙众、十八典狱众、四值使者、护法武圣众、护法神(图12)。

西壁由上而下第一层绘制引路菩萨、四空天主众、非非想天众、化乐天众、欲界天主众、夜摩天主众、北极紫薇大帝众、月宫天子众,第二层第一组漫漶不明,后为江河淮济四渎众、大阿修罗王众、北斗七元星君、十二元辰星君、九耀星君、天龙八部众、诸大天仙众,第三层绘安济夫人众、四海龙王众、大罗刹众、奎娄胃昂毕觜参星君、井鬼柳星张翼轸星君、十二宫神星君、矩畔挐大将众、诃利地母众,第四层绘地府五道将军众、五瘟使者散病鬼王、往古贞妇烈女众、车撵马踏虎咬虫伤孤魂、秦王游猃贪劳路远他乡孤魂、直伏使者、城隍土地社稷、护法善神(图13)。

两侧壁画面比例适当,人物表情和姿态生动,设色和用线熟练。据殿前檐廊内刻于明嘉靖四十一年(1562)的《明李村重修佛堂记》可知,元泰定年间(1324—1328)佛堂寺已存在,重修于明嘉靖四十年(1561),壁画应绘于此时。东壁下层壁面灰层较新,绘制技法拙劣,应为后世补绘。画面将上界神祇绘制在上层,诸神绘制于中层,冥界鬼神绘于下层,这一布局显示了诸神祇地位的差别。

4. 米东村定林寺地藏殿 [①]

位于米山镇米东村附近的大粮山,前后两进院落。2001年被列为全国重点文物保护单位。

地藏殿为前院的东配殿,面阔三间,进深四椽。殿内拱眼壁绘植物纹样,后壁为近年新涂白灰,原壁画情况不明。两侧壁对称绘地狱十王图像(图14、15),每壁五铺,各铺之间以墨线相隔。诸铺均在上段绘制地狱诸殿十王及其胁

① 该殿内容依据刘伟《山西高平定林寺明代地狱十王图像考》一文改写而成,载于《美术》2017年第2期,第138—139页。

图 12　佛堂寺东壁水陆画（杨平提供）

图 13　佛堂寺西壁水陆画（杨平提供）

图 14　地藏殿东壁地狱十王图（杨平提供）

图 15　地藏殿西壁地狱十王图（杨平提供）

图16 地藏殿第六铺照业镜图

侍，下段表现殿前判罚等场面。由画面底部座椅后背的印痕推断，两侧壁原塑十王造像。

地藏殿地狱十王图与唐代藏川撰《佛说地藏菩萨发心因缘十王经》的内容相关，经文中的十王分别为秦广王、初江王、宋帝王、五官王、阎罗王、变成王、太山王、平正王、都市王、转轮王。

推测十殿内容从南壁西端开始，按逆时针顺序至北壁西端结束。结合经文中描述的衣领树、奈何桥等推测，第一铺描绘了亡人过初江王殿的画面。第二铺下段一老妇、一头部生羽毛者、一戴枷男子、一哭泣女子跪于殿前。第三铺下段一人跪地捧刀，二人戴枷。第四铺下段绘一披枷男子和一对夫妇及三个赤裸孩童。第五铺下段有一作恶者、一女子及其搀扶的一手托头者。第六铺下段一作恶者正在照业镜（图16），由业镜推测该铺可能表现了阎罗王殿。第七铺下段绘一身披铁镣者与二跪地者似在争辩。第八铺上段表现一王于殿中恭迎上方的菩萨，周围为胁侍、武士、判官、鬼卒、亡魂等。第九铺下段描绘火床刑罚。第十铺下段绘制代表儒、释、道的三者及投生畜牲者，应表现了转轮王殿。

第一铺中可见"□（嘉）靖四年（1525）六月初一日记"字样，为定林寺地狱

图 17　铁佛寺前门东侧供养菩萨（任超摄）　　　　图 18　铁佛寺前门西侧供养菩萨（任超摄）

十王图像的绘制年代提供了准确的参照，可知该壁画绘制于明嘉靖四年。

5. 米西村铁佛寺

位于米山镇米西村，现存正殿、前殿和东西厢房，正殿内遗存彩塑和壁画。2006 年被列为全国重点文物保护单位。

正殿面阔三间，进深六椽，悬山顶。殿内中部设基坛，主尊结跏趺坐于基坛正中的莲座上，背光繁密精细，上接屋顶。主尊两侧塑胁侍菩萨，均头、手残缺，立于莲台上。原应立于主尊和胁侍菩萨之间的迦叶、阿难二弟子等塑像现置于殿后角落。基坛背屏后塑观世音菩萨。殿内两侧壁塑二十四诸天，塑像排列紧密，体魄魁伟，造型夸张，表情生动。

前门两侧与窗之间绘二供养菩萨（图 17、18），画面均宽 104 厘米，高 274 厘米。菩萨具头光，高髻簪花，面部丰满，八字眉，细眼小口，饰手镯、项圈、耳珰等，露小臂，双手捧花盘。披帔帛，下着裙，双脚踏莲花，立于云际。画面绘制精美，线条流畅，色彩以黄、绿、红为主，设色自然雅致，造型写实生动，明显带有明代绘制风格。

殿内梁枋遗存彩绘，基坛前两侧木柱表面沥粉贴盘柱金龙，柱顶遗存榜题"金妆佛像"。两侧山墙为五花山墙，上方象眼和山花处绘制图像，可见以水墨绘制的呈现拄杖托钵、担书（经册）前行、支颊静坐、托头仰卧等形态的僧人，由画面风格推测该图像可能为清代补绘。

据殿内左门枕石侧面石刻题记和殿前明万历三年（1575）刊刻的《重修铁佛寺记》碑文，以及殿宇的元代样式等，推测该殿创建于元代泰定七年（1330）。[①] 碑阴有嘉靖元年（1522）重修正殿，嘉靖十年（1531）增建水陆殿和十王殿，嘉靖二十三年（1544）重修水陆殿、铁佛殿、西僧房等记录。

2017年，当地政府对铁佛寺进行维修，其间于殿内发现三款墨书题记。两款分别位于两柱顶部，记载明嘉靖十五年（1536）金妆佛菩萨造像之事，画工为王氏家族四人，据此可知该殿壁画应于该年绘制完成。结合门枕石题记和重修碑记，可知该庙断断续续修了50余年，由住持僧道才发心起意开始，至其徒孙圆妙接任住持时工程方毕。第三款位于东山墙七架梁底，记载乡民共施大梁一根。假如该梁架设于嘉靖元年至十五年，即此时更换了梁架，至少整个殿顶需揭去重建，在这种状况下，殿内原造像势必难以留存，这就意味着殿内造像重塑于此时。加之塑像呈现出强烈的明代特征，不排除是嘉靖元年至十五年重修殿宇期间制作的。

由右侧柱上榜题可知，现该殿主尊为当阳佛。有学者认为北朝时已出现当阳佛造像，直至明代，晋冀豫等地都有造像遗存。早期当阳佛或许以毗卢遮那佛存在，可能与《楞严经》的流布相关。明代当阳佛造像与黄天道关系密切，黄天道经卷《佛说利生了义宝卷》赋予了当阳佛清晰的形象。[②]

目前殿内造像以基坛正中主尊当阳佛为中心，两侧壁大面积被二十四诸天遮

---

① 门枕石上所记为"大定七年"，碑记称"元大定七年"，元代无"大定"年号，金代世宗在位时用"大定"年号（1161—1189）。那么，"元大定七年"究竟指金代还是元代？孟嗣徽先生认为所谓"大定"应指"太定"，"大"为"太"的异体，"太"是"泰"的简写，碑记所指应为"元泰定七年"，笔者亦认同此说。当然，也不排除该殿在金代基址上建造的可能。撰写碑记的人或许认为该殿建于元代，故在"大定"年号前加上"元"字。

② 陈怡安：《汉式造像的复兴——明嘉靖二十八年（1549）何天宠家族造石刻佛坐像考》，《艺术学》2016年第5期（总第31期），第284—288页。

挡，门与窗之间虽较为狭窄，但距观者较近，适合绘制图像，于是描绘了供养菩萨。二供养菩萨既与两侧诸天相区别，又与殿内神祇融为一体。

6. 良户村玉虚观

位于原村乡良户村内，经元、明、清各朝相继修造而成。坐北朝南，三进院落，现存中殿、正殿、西耳房、西厢房、魁星楼等。2013 年被列为全国重点文物保护单位。

中殿面阔五间，进深六椽，悬山顶。殿内两侧壁前部遗存壁画（图 19、20），后部画面被白灰覆盖，壁画高 240 厘米，东壁残宽 350 厘米，西壁残宽 341 厘米，当前画面保存状况较差。壁画描绘了"老子八十一化图"，大致分为三层，各层内容分组表现，每组绘一化，各组之间隔以树、建筑、水、云气等，上方墨书榜题。画面上人物众多，描绘细致，可惜残损严重。本节仅对两个画面进行解读。

西壁中层绘"诏沈羲"画面。左下方绘三人，骑马者与对面站立的男子相互拱手行礼，男子旁立一女子。骑马者身后有三辆行驶在云端的车，车上各坐着抱笏者。拉车的动物应分别是龙、虎、鹿。车两侧立持节、扇等仪仗的侍从。上方榜题："谨按抱朴子神仙传纪圣赋所载。沈羲，吴人也，学道蜀中。周报王时，□□□三仙官驾白鹿车、青龙车、白虎车。从者告□□太上老君遣吾持节，以白玉版青玉□□□迎而升天。第五□□化。"结合《图说》可知，该画面表现了第五十五化"诏沈羲"，站立者为沈羲夫妇，骑马者是使者，乘车者为接沈羲的三仙官。晋代葛洪所著《神仙传》卷三"沈羲"条也记载了这个故事，内容大同小异。[①]

西壁下层绘"明崖壁"画面，着鹤氅的老子站在云端，两侧侍者一个持香炉，另一个做拱手状。石壁前站着一个官员，呈拱手状。右上方墨书榜题："谨按犹龙传应现图所载。唐文宗开成二年（837），阆州刺史高元裕于州北嘉陵江，上山之前，见崖壁间光起，视之。石上有自然纹，成太上老君像，无□周备，傍有一

---

① 李梦苏主编《中华藏典·名家藏书》之《神仙传卷三》，内蒙古人民出版社，2003，第 40 页。

图 19 玉虚观中殿东壁

图 20 玉虚观中殿西壁

人，捧炉荐香，后一童子。皆非人力图绘镌刻□□。每祈祷，即紫云上浮。第七十八化。"此内容在《图说》中为第七十九化，体现了"老子八十一化"题材在流传过程中发生的变化，为考证"八十一化"的传播提供了图像和文字线索。宋代贾善翔编的《犹龙传》中记载了类似的内容，故事或源于此。

两侧五花山墙上三架梁和五架梁之间的壁面绘道家人物、山水图像，拱眼壁绘装饰纹样。由脊梁底的墨书"时大明嘉靖九□岁次庚寅季（九年，1530）春……上梁重建寥阳宝殿三楹"可知，该殿名为寥阳殿，于明嘉靖年间重修，壁画应绘于此时。

正殿面阔五间，进深六椽，悬山顶。殿内刊刻于元至元十六年（1279）的《新修玉虚观记》记载了道士申志谨修建玉虚观的经过。束腰须弥座基台束腰处镶嵌了四块条石，表面减地平雕精美的儿童戏牡丹纹样，儿童扎双髻，裹肚兜，抓踩枝条，坐于牡丹丛中。西侧条石右上角镌刻"大定十八年（1178）四月十六日记。石匠北赵庄赵琮、赵进"，可知为金代刻制。刻花条石为青石，与垒砌基台的其他砂石不同，应是在修建或后世重修时由别处移来嵌于此处。

7. 上董峰村万寿宫圣姑殿

位于原村乡上董峰村北，前后两进院落，前院狭窄，后院宽敞。中轴线上建有山门、三教殿、倒座戏楼、石亭、圣姑殿，两侧有西配殿、西庑、东西耳房。三教殿和圣姑殿建于元代，三教殿内遗存少量元代壁画，圣姑殿内为清代壁画。庙内还有历代重修碑14通，其中元碑4通、明碑3通、清碑7通。2004年，万寿宫被列为省级文物保护单位，2013年被列为全国重点文物保护单位。

圣姑殿位于后院北侧，面阔五间，单檐悬山顶。殿内四壁遗存壁画，前壁门两侧各绘一道姑，头梳高髻，身穿宽袖长衫，持幡而立。两侧壁共绘十二身仕女（图21），每壁六身，画面顶端仿照挂屏的样式绘钩与环。诸仕女均头梳高髻，卷发披肩，长脸高额，八字形眉，长眼小口，内穿窄袖衣，外披长衫或毛质半臂，下穿长裙。东壁从外至内仕女依次在喂鸟（图22）、倚栏沉思、赏鱼、擦拭栏杆、静坐（图23），最后一身仕女模糊不清。西壁从外至内仕女依次呈拈花而行、赏

图 21　圣姑殿东壁仕女图

图 22　圣姑殿东壁仕女喂鸟图

花、抱子而立状，后三身仕女模糊不清。后壁画面漫漶严重，右侧可辨一仕女坐在松树下。殿前檐廊两侧布局相同，各绘一男子和一侍女，男子捧笏站立，东壁侍女持幡，西壁侍女持盖。

庙内现存的多通碑刻记载了该庙创修之事。刊刻于元至元二十一年（1284）的《仙姑祠堂记》记载了马仙姑的生平事迹：马仙姑去世后，弟子和乡民于元太宗十二年（1240）为她建立了祠堂。刊刻于元至治二年（1322）的《重修万寿宫记》记载元太宗八年（1236）八月十四日仙姑"委化"，元太宗十二年创建了仙姑祠、玉仙祠和太白祠，元定宗二年（1247）"继修南殿，绘塑仙姑所事三像"之事。仙姑祠南侧的殿堂仅有三教殿，碑文中所称的"南殿""三像"应指现在的三教殿与殿内原塑像。元大德十一年（1307），敕额"万寿宫"，庙宇进一步扩建。此后，明清时期庙宇不断进行改建和重修。

刊刻于清咸丰二年（1852）的《整修万寿宫记》详细记载了从清道光二十九年（1849）至咸丰二年万寿宫进行大规模整修、扩建和改建的过程。碑记载"仙姑宝相，金装锦裸"，"仙姑"是指仙姑殿所祭祀的马仙姑，"宝相"即相貌。然而，仙姑殿内并没有马仙姑的塑像，甚至没有安放塑像的基坛，因此"仙姑宝相"并不可见。碑记中载祭祀仙姑的方式为"尸而祝之"，不同于朝向塑像礼拜。碑记中也没有塑造马仙姑像的内容，基本可以确定所谓"仙姑宝相"并非指仙姑的塑像，结合"彩画""金装"等推测，"仙姑宝相"可能指的是马仙姑的图像。仔细观察殿内两侧壁的十二身仕女，可以发现她们的相貌相同，且都是卷发披肩，甚至都戴着类似的耳饰，这些仕女可能为马仙姑。

庙宇后方的圣母殿面阔三间，进深六椽。两侧壁和后壁遗存壁画，画面残损，后壁隐约可辨山水、树木，两侧壁所绘内容可能是古人诗意。画面注重水墨意趣，着色较少，应为清代绘制。

8. 南庄村玉皇庙

位于河西镇南庄村东南侧的来凤山麓，前后两进院落，现存山门、献殿、正殿、东西配殿、东西厢房、舞楼等建筑。正殿为金代遗构，其余建筑则为明清时

图 23　圣姑殿东壁仕女静坐图

期建筑。2004 年玉皇庙被列为省级文物保护单位，2013 年被列为全国重点文物保护单位。

　　正殿面阔三间，进深六椽，单檐悬山顶。庙内刊刻于金大安二年（1210）的《重修玉帝庙记》载该村原名鲁村，乡民向玉皇祈雨以解干旱，并在泰和元年（1201）重修正殿，增建廊庑。现殿内两侧壁上的壁画为新绘制，西壁露出约1 平方米的底层壁画，可见呈前行状的两人（图 24），一人颈部系巾，上身着半臂衫，戴护胸，腹间围护腰，袒小臂，小腿裹绑腿。另一人也应是此装束。画面清晰，色彩淡雅，线条流畅，人物比例恰当，水平较高，但绘制时期尚不明确。

图 24　玉皇庙西壁底层

图 25　炎帝庙西壁右侧西王母众

西厢房后壁被白灰遮盖，透过灰层可辨识山水、人物、墨龙、树木等。脊枋底墨书该殿重修于清乾隆二十八年（1763），壁画可能绘制于此时。

9. 贾村炎帝庙

位于寺庄镇贾村东，现存正殿、舞楼和两侧厢房。正殿面阔三间，进深四椽，前设檐廊，悬山顶。

正殿内西壁遗存壁画，下部被较厚的白灰遮盖，仅上半部分可见，残高120厘米，宽487厘米。画面右侧绘山峦的平台正中一老妪手持如意坐在枯藤椅上，身旁立二持孔雀尾扇的侍女及一吹横笛的女子（图25）。画面中间云气中飞着五只红色蝙蝠。画面左侧云气中一凤鸟拉车，车内坐一女子，车两侧和后部随七身侍女（图26）。推测该画面描绘了王母祝寿图，右侧老妪应为西王母，即王母娘娘，[①] 左侧应是驾飙车前来拜谒的仙女，[②] 中间的五只蝙蝠起到点题作用，"蝠"谐音"福"，即"五福捧寿"，[③] 突出福寿主题。画面绘制精细，生动自然，凤鸟绘制得尤其精美。

该壁画呈现明代风格，但人物脸部偏瘦，推测绘制于明末清初。

[①] "玉山，是西王母所居也。西王母其状如人，豹尾虎齿而善啸，蓬发戴胜，是司天之厉及五残。"马昌仪：《古本山海经图说》，山东画报出版社，2001，第126页。《汉武帝内传》描述的西王母容貌为"著黄锦袷（夹）襦，文采鲜明，光仪淑穆。带灵飞大绶，腰分头之剑。头上大华结，戴太真晨婴之冠，履元琼凤文之舄。视之可年卅许，修短得中，天姿掩蔼，容颜绝世，真灵人也。"王根林等校点：《汉魏六朝笔记小说大观》，上海古籍出版社，1999，第142页。（唐）杜光庭撰《墉城集仙录》中将西王母称为金母元君，与东王公共理阴阳二气，统领女仙。"王母娘娘设宴，大开宝阁，瑶池中做'蟠桃胜会'。"吴承恩：《西游记》，人民文学出版社，2005，第51页。《西游记》中把西王母称作王母娘娘，为老妪样貌。可能受《西游记》等文学作品的广泛影响，西王母便以老妪的形象出现在艺术作品中。至此，西王母的形象由半人半兽至美妇人，再至老妪，反映西王母信仰观念的变化。

[②] "（西王母）所居昆仑之圃……飞（非）飙车羽轮不可到也。"（清）叶德辉翻刻：《三教源流搜神大全》卷一，清宣统元年（1909）影印本，第12页。画面中凤鸟所拉之车，应表示能到达昆仑之圃的"飙车羽轮"。

[③] "五福。一曰寿（百二十年），二曰富（财丰备），三曰康宁（无疾病），四曰攸好德（所好者德福之道），五曰考终命（各成其短长之命以自终，不横夭）。"李学勤主编《十三经注疏·尚书正义》，北京大学出版社，1999，第323页。

图 26　炎帝庙西壁左侧凤鸟拉车图

10. 柏枝庄村西天院

位于寺庄镇柏枝庄村内，现存院门、正殿、两耳房、两侧厢房，院落对面为舞楼。正殿面阔三间，进深四椽，与两侧耳房均前设檐廊。正殿与两侧耳房内遗存壁画，但正殿与西耳房内的壁画残缺严重，仅余上缘，东耳房内壁画比较完整。

东耳房的壁画直接绘制在后壁与两侧壁砖墙的白灰层上。后壁画面呈仿座屏式，[①] 屏心高 175 厘米，宽 430 厘米，绘制关羽的故事（图 27）。画面围绕正中占较大面积的灞桥挑袍情节展开，披戴甲胄的关羽于马上，回身举刀挑起衣袍，马旁立驭手。桥右侧曹操携一文一武两官员朝关羽躬身抱拳，旁边立一双手托盘的官吏，盘中置金银。桥左侧绘一骑马持刀的武将和一跪拜的男子。画面左上方绘四身男子候于殿外，一男子从殿门走出，可能表现了关羽挂印封金离开后，曹兵正在寻找关羽的内容。左下部绘两女子分别执灯笼、令牌、如意等物向马车走去，一男子牵马驻足等候，应为甘、糜二夫人准备上车出发的情景。画面右上部

---

① 座屏是屏风的一种形式，由插屏和底座两部分组成，插屏以木作框，中间为屏心。高平寺观中有将屏风、围屏、挂屏、卷轴等完整地绘制在壁面，在屏心或卷轴中描绘图像的情况，本书将之称为"仿座屏式""仿围屏式""仿挂屏式""仿卷轴式"壁画。

图 27　西天院东耳房后壁

绘张飞立于山崖上，手举长矛，注视关羽。右下部可见一些将士和马。该画用线纯熟，方形山石的样式和皴染颇具特色，但人物姿态僵硬，服饰与面部表情的戏剧化程度高，估计受到当时相关戏曲角色造型的影响。

两侧壁遗存的壁画呈仿卷轴式，画面高 220 厘米，宽 99 厘米，上缘绘系绳与钉，上部题诗，下部绘山水、人物。东壁上部题诗，下部绘云林山石间九身老者与一抱琴童子，老者戴巾或斗笠，着长袍，多携杖，一老者盘腿坐于石上，其他人围观画卷，落款"粮山半痴子写"，另有两方印章（图 28）。该画面应描绘了"会昌九老图"，此图像在唐代即已出现，通常表达孝老或长寿等主题。西壁上部题李白的《渡荆门送别》，落款"时在己巳偶录于西天院□壁□□，半痴"。画面因后世开洞设门遭到破坏，顶部可见山石，左缘残存崖壁、云气和林木以及坐于石桌旁的男子。

两侧壁的壁画风格与后壁不同，笔力遒劲，技法熟练，接近陈老莲的绘画风格。东壁画面题"粮山半痴子写"，"粮山"为地名，应指高平市东侧的大粮山，现属米山镇，或为画者的居住地。"半痴子"应为画者自号，多为文士所用。"写"多为文人对绘画的描述，推测画者应为文人或读书人，应有一定的绘画功底和艺术素养。

图 28 西天院东耳房东壁

殿宇呈清代样式，西壁遗存的落款表明该殿壁画绘制于"己巳年"。清代己巳年见于康熙二十八年（1689）、乾隆十四年（1749）、嘉庆十四年（1809）和同治八年（1869），推测该殿壁画的绘制时期应不晚于清同治八年。

11. 箭头村炎帝庙

位于寺庄镇箭头村西，现存院门、正殿、两耳房、两侧厢房。

正殿面阔三间，进深四椽，前设檐廊。殿内后壁遗存壁画，下方剥蚀漫漶，底部被白水泥涂抹遮盖（图29）。画面呈仿围屏式，共12扇，两端屏扇折向两侧壁，[①] 高300厘米，通宽896厘米。各扇围屏屏心绘制花鸟，从左至右第1扇绘

---

① 据考察所见，绝大多数12扇仿围屏式壁画的两端屏扇均由后壁折向两侧壁，两侧壁画面与后壁画面相接，是后壁壁画的一部分。

图 29　炎帝庙正殿后壁右部

图 30　炎帝庙正殿后壁第 11 扇（局部）

青竹、牵牛花和两只雉鸡，第 2 扇绘芦苇、芙蓉花和两只黄鹂鸟，第 3 扇绘芭蕉和鸟雀，第 4 扇绘牡丹、孔雀和两只鸟雀，第 5 扇绘两只燕子和一只立于鸡冠花丛中的雄鸡，[①] 第 6 和 7 扇被塑像遮挡，所绘内容不明。第 8 扇上方绘八哥落在梅枝上，下方漫漶严重，可辨梅花和鸟禽的残迹。第 9 扇绘菊花、锦鸡和麻雀。第 10 扇上部绘四只燕子，下方内容漫漶难辨。第 11 扇绘鸟雀和立于松下的鹤（图 30）。[②] 第 12 扇绘梅枝上的两只鸟雀和喜鹊。[③]

该殿壁画采用仿围屏式布局，以花鸟为题材，或按季节排布，突出吉祥含义。画面中所绘的花卉与鸟雀各不相同，姿态生动，相互呼应，水平较高。

两侧山墙上方绘影梁，[④] 山花处绘龙纹，象眼处绘植物纹样。影梁为着色仿真表现，纹样呈水墨形式。

庙内刊刻于清道光三年（1823）的《补修炎帝庙碑记》载，此次补修历时一年，着重翻新了殿顶，据此推测壁画可能于道光年间重修时绘制。

12. 箭头村三嵕庙

位于寺庄镇箭头村，现存院门、戏台、正殿、两耳房、两侧厢房等。

正殿面阔三间，进深五椽，硬山顶，原设前檐廊，后世改建时，砌墙将檐廊围在室内。殿内后壁和两侧壁遗存壁画，后壁残损较重，两侧壁下方剥蚀。后壁壁画为仿围屏式（图 31），共 12 扇，高 240 厘米，通宽 714 厘米，各屏扇相间绘制山水和花鸟题材。由左至右第 1 扇绘小船停泊在高山峡谷间，船头坐一人。第 2 扇绘两只燕子盘旋在柳枝旁，还有一只立在树上正欲展翅飞翔。第 3 扇表现远处重峦叠嶂，近处为山石和房舍，一艄公驾扁舟行进在溪水间（图 32）。第 4 扇绘一只红凤凰单腿立于牡丹丛前（图 33）。[⑤] 第 5 扇漫漶，可辨高山、巨石、树木、

---

① "冠"谐音"官"，雄鸡与鸡冠花均有冠，寓意"官上加官"，此图可称为"加官图"。
② 松与鹤组合寓意"松鹤延年"或"松龄鹤寿"，为长寿之意。
③ "梅"谐音"眉"，与喜鹊组合寓意"喜上眉梢"。
④ 笔者在考察中发现，很多寺观的硬山墙两侧壁上方绘有建筑构架，以此模仿五花山墙，通常样式和纹饰与殿内梁架相同，在视觉上扩展了室内的空间，又装饰了两侧壁上方的三角形区域。因其模仿梁架绘制，本书称之为"影梁"。
⑤ 凤凰与牡丹组合通常称"凤戏牡丹"或"凤穿牡丹"，寓意富贵吉祥。

图 31　三峻庙正殿后壁

房屋等。第 6 扇漫漶剥蚀严重，仅可辨荷花与荷叶。[①]第 7 扇上方绘小溪从山间流淌，下方为山坡、树木。第 8 扇上方绘石榴树枝，下方绘一对鸳鸯游弋水中，岸旁芙蓉花满枝。[②]第 9 扇上方绘山峰、树木，下方一老者走在前，后方一童子挑一担菊花跟随。第 10 扇上方漫漶，可辨一鸟雀立于枝头，下方岩石旁立一仰首的雄鸡。[③]第 11 扇漫漶严重，可见在崇山峻岭中一人骑驴前行，后随一扛梅枝的童子。第 12 扇绘两只喜鹊立于梅枝上。壁面上的花鸟图大多具有吉祥含义，基本按照春、夏、秋、冬四季排列，可理解为四季花鸟图像。

　　两侧壁绘制布雨图，画面均高 240 厘米，宽 460 厘米。可分为上、下两层，上层绘布雨神祇，下层表现人间情景。东壁上层正中部绘骑在龙背上的龙王，其后紧随分别举持金瓜、钺、伞盖的五侍者，及风雨雷电四神。雷公头戴小冠，鹰

①"青莲"谐音"清廉"，该图寓意"一品清廉"，有位高廉洁之意。
②"芙蓉"谐音"夫荣"，鸳鸯与芙蓉组合寓意夫妻和谐富贵。上方所绘的石榴成熟开裂，露出石榴籽，寓意多子。
③"鸡"谐音"吉"，"石"谐音"室"，鸡位于石侧寓意"室内大吉"，鸡立于石上寓意"室上大吉"。

图 32　三峻庙正殿后壁第 3 扇

图 33　三峻庙正殿后壁第 4 扇下部

图 34　三峻庙正殿东壁

嘴尖耳，袒上身，背生双翅，右手举锤，左手握凿，身后五鼓串作一圈，足呈鹰爪状，各抓一鼓。^①其后为电母，高髻簪花，双臂展开，双手各持圆镜。下方的风婆童颜鹤发，背上负袋，左手托袋尾，右手扶袋口。龙王后侧立雨师，有五缕长髯，戴高巾，着长袍，左手捧瓶，右手执拂尘。其身后一鬼卒头生双角，红发绿肤，双手抱着向外发出彩虹的大瓶。最后是戴幞头的二直使，^②一人骑马，右手持文卷向上递送，一人弯腰伸手正欲接文卷。壁面下段绘制商旅和农夫，分别举伞、挑担、驱赶牛马、扛耙、荷锄等，似正在赶路（图34）。

西壁所绘神祇与东壁相近，但少了二直使，多出城隍和土地二神祇，^③二者跪于云际，似正在迎接龙王等众。此处电母已合双镜于胸前，风婆的风袋变小。下

<hr>

① "图画之工，图雷之状，累累如连鼓之形。又图一人，若力士之容，谓之雷公，使之左手引连鼓，右手推椎，若击之状。其意以为，雷声隆隆者，连鼓相扣击之意也。"黄晖：《论衡校释》，中华书局，1990，第303页。此书中雷神形象应与徐州洪楼祠堂天井画像石中的雷神接近，形如力士，肩扛串起的五只鼓，正在向前奔跑。敦煌莫高窟第61窟正壁描绘云中的雷公，亦如力士，七只鼓串起来绕在身体周围。《太平广记》中雷神已具异相："唇如丹，目如镜，毛角长三尺余，状如六畜，头似猕猴……唐润州延陵县茅山界，元和春，大风雨，堕一鬼。身二丈余，黑色，面如猪首，角五六尺，肉翅丈余，豹尾。又有半服绛裈，豹皮缠腰，手足两爪皆金色，执赤虵（蛇），足踏之，瞪目欲食，其声如雷……寻复雷雨，翼之而去……雷堕地，状类熊猪，毛角，肉翅青色，手执短柄刚石斧。"（北宋）李昉：《太平广记》，中华书局，1961，第3136—3145页。《封神演义》中描述雷震子吃了两枚红杏后，背生双翼，并且"鼻子高了，面如青靛，发似朱砂，眼睛暴湛，牙齿横生出于唇外，身躯长有二丈"。（明）许仲琳：《封神演义》，远方出版社，2006，第184页。小说中的雷震子应借用雷神的形象，二者相貌相同。但雷震子持棍，小说中辛环执锤与钻，且生肉翅，与雷公接近，大概雷震子和辛环均借用雷神的形象。简言之，汉唐时的雷公形如力士，北宋出现猴头或猪首雷公，明代出现具有鸟类特点的雷神，至清代雷公鹰喙、利爪、肉翅的造型基本固定下来，广泛出现在壁画中。需要注意的是，连鼓样式由汉代延续至清代。

② "头缠红彩，足蹑云霞，腰挂霜刀，手擎符命，年直、月直、日直、时直，四大持符使者。"美国普林斯顿大学藏《天地冥阳水陆仪文》，明太原刊影印本，卷中，第12页。《仪文》中直使形象与画面中相同。"年直天界，月直空行，日直地行，时直琰魔，四直持符捷疾使者。"（《仪文》卷上，第31页）由此可知，四直使者为持牒符，联系天、地、冥三界的使者。该壁的二直使应承担民间向天界传递求雨信息的使命。

③ 城隍为城池的守护神，普林斯顿大学藏《仪文》描述城隍的功能为"守城池于本境之间，察善恶于杳冥之际……司其大者，统于千界，职其小者，局于一方。或摄于林薮山岩，或住于井泉城市。"（《仪文》卷上，第11页）土地为地方的守护神，《仪文》描述其职能为"卫乾坤而久镇八方，守梵宫而严持三宝……或居帝都城廓（郭），或在道店山岩，或居万姓之家，或在伽蓝宫观。"（《仪文》卷上，第15页）

层严重剥蚀漫漶，仅可辨一人骑在马或驴背上（图 35）。

图 35　三嵕庙正殿西壁

东壁描绘直使将求雨奏报递达，龙王率雷公、电母、风伯、雨师等布雨的画面。西壁为布雨结束后，龙王率众返回，接受城隍、土地拜谢的画面。两壁画面分别加入了直使奏报、二神拜谢等情节，使画面更加生动，叙事性更强。

两侧山墙上方绘影梁，山花和象眼处绘植物纹样、器具等。

庙内不见创修该庙的碑记或墨书榜题，就其表现风格、题材选择、造型特点等推测该殿壁画应绘制于清代中期以后。

13. 高良村观音堂

位于寺庄镇高良村西，四合院布局，现有院门、正殿、两耳房和两侧厢房。

正殿面阔三间，进深四椽，前设檐廊，檐廊顶破损严重。现正殿搭建楼板，将室内分为上、下两层，壁画也被分割为上、下两部分。下部图像已不可见，上部画面保存较完整，为仿围屏式，共 12 扇，残高 135 厘米，通宽 645 厘米。各屏扇描绘高士图，上方为山石、林木、流云等，下方绘文人高士携童子在庭院内的画面（图36）。文士大多穿蓝色长袍，童子头扎双髻，为程式化表现。画面中的墨书榜题、人物形象、重要物品等，为识别各扇内容提供了线索。

从左至右，第1扇绘文士坐在桌案前，一童子抱一只鹅向其走来，桌案后的屏风上题写唐代太上隐者的《答人》诗（图37）。上方榜题"李百爱鹅"，"李百"应指李白。李白好酒，王羲之爱鹅，民间曾流传王羲之写经换鹅的故事，或许画工将二者弄混，误题作"李百爱鹅"。

第2扇描绘了一文士坐在水边的茅草亭内，回首观赏水中的莲花，亭角立一童子。左上榜题"周茂生爱莲"，"生"应为"叔"，周茂叔指北宋周敦颐。画面应表现了周敦颐赏荷的场景。

第3扇描绘一白须老者坐在榻上，前方一童子头扎双髻，双手托杯盘（图38）。榜题"葛仙翁吃蜜吐蜂"，"蜜"应为"米"。"葛仙翁"指东晋葛洪，号抱扑子。宋代祝穆的《古今事文类聚后集》记述葛洪喷米成蜂的故事，画面应表现了此事。

第4扇中部绘一丛绿竹，旁边一人双手抱缸坐在地上，底部仅可见一人的上半身。右上榜题"竹林七贤"，可知画面表现了竹林七贤。竹林七贤指魏晋年间的阮籍、嵇康、山涛、刘伶、阮咸、向秀、王戎，抱缸者应为好酒的刘伶[①]。

第5扇绘一戴风帽的文士坐在石桌旁，左手伸向桌上的花瓶，文士身后的架上置一瓶，瓶内插梅花。桌的另一侧立一童子。右上榜题"孟浩然代梅"，"代"与"待"同音，应为等待之意。画面表现了唐代诗人孟浩然在院中等待梅花开放的情景。

第6扇下方绘一文士坐在船头，旁边立一童子。上方绘一戴斗笠的樵夫坐在山石上，他身旁有一担柴。上方榜题"俞伯牙探琴"，"探"应为"弹"。画面描绘了俞伯牙坐在船头抚琴，钟子期坐在山上听琴的场景。

第7扇绘一文士坐在椅上，右手捧笏，左手指着爬上梧桐树的童子，另一童

---

① "刘伶字伯伦，沛国人也。身长六尺，容貌甚陋……澹默少言，不妄交游，与阮籍、嵇康相遇，欣然神解，携手入林……曰：'天生刘伶，以酒为名。'……惟著《酒德颂》一篇。"（唐）房玄龄等：《晋书》卷四十九《列传第十九》，中华书局，1974，第1375—1376页。

图 36　观音堂后壁（局部）

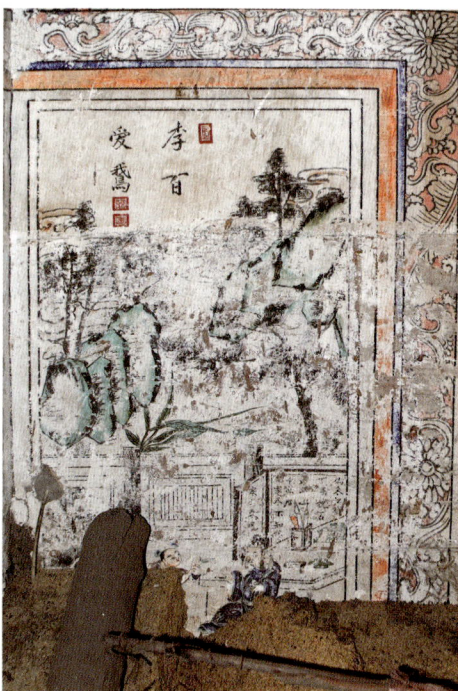

图 37　观音堂后壁第 1 扇

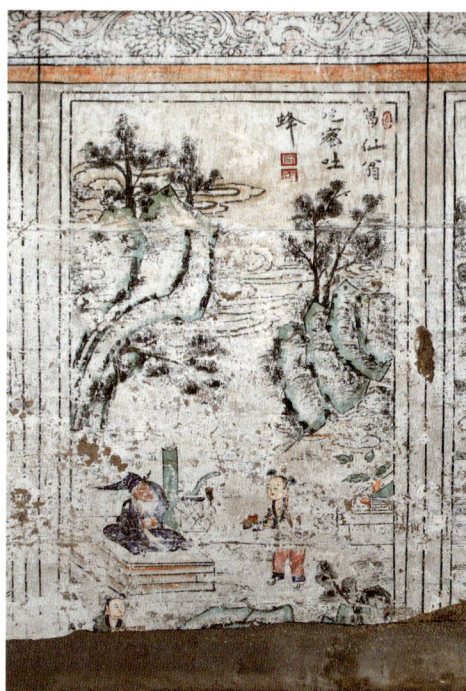

图 38　观音堂后壁第 3 扇

子持蕉叶立于其后。左上榜题"苏东坡爱铜","铜"应为"桐",指梧桐,画面表现了苏东坡观赏梧桐的情景。

第8扇绘一文士坐在桌旁,注视桌上瓶内的菊花,旁边一童子指菊,另一童子捧杯。右上榜题"□园□爱菊","园"应为"渊",应指陶渊明,画面描绘了陶渊明赏菊的场景。

第9扇画面漫漶,可见一着长袍的男子双手捧物,立于庭院。前方二童子立于桌旁。右上榜题仅遗痕迹,内容难辨。

第10扇可辨一文士和二童子在桥上行走,其中一童子挑书担,左上榜题"杜甫游春"。宋代释绍昙曾作诗《杜甫骑驴游春图》,金元时期有同名杂剧。[①]

第11扇绘一文士坐在榻上,正在欣赏桌上的牡丹花,桌旁立一童子。左上榜题"柳于□爱牡丹"。"柳于"应为"刘禹"的同音字,此处应指唐代诗人刘禹锡,他曾创作《赏牡丹》诗,赞美牡丹艳压群芳,其中的名句"唯有牡丹真国色,花开时节动京城"千古流传。

第12扇绘一文士坐于桌案后,抬头注视上方的龙。卷轴的一端置于桌上,一童子持另一端已将卷轴展开(图39)。左上方题"无道子画龙","无"应为"吴",二字同音。唐代朱景玄撰《唐朝名画录》记述吴道子画龙灵动[②],该画面中龙从纸上跃至空中,体现了吴道子画技高超。

以上壁画造型稚拙,设色生硬,多数榜题使用同音字,似乎是画者无意为之,或许另有隐情,或许粉本有误。诸屏扇描绘了十二位高士的喜好。高士图于明清之际被广泛应用在瓷器、木雕、砖雕、壁画等上面,又被称为四爱图或八爱图。根据脊枋底墨书光绪十三年(1887)上梁的题记,推测壁画可能绘制于清光绪年间。

---

① "金院本有《杜甫游春》。又,元·范康著杂剧《杜甫游春》。据《录鬼簿》卷下'范康'条记载:'因王伯成有《李太白贬夜郎》,乃编《杜子美游曲江》,一下笔即新奇。'作品已佚,内容大致据杜甫游曲江诸诗敷演而成。"吕薇芬主编《全元曲典故辞典》,湖北辞书出版社,2001,第337页。

② "神品上一人:吴道玄。吴道玄字道子,东京阳翟人也。少孤贫,天授之性,年未弱冠,穷丹青之妙。浪迹东洛,时明皇知其名,召入内供奉……又画内殿五龙,其鳞甲飞动,每天欲雨,即生烟雾。"潘运告编注《中国历代画论选 上》,湖南美术出版社,2007年,第78—79页。

图 39　观音堂后壁第 12 扇

西壁上部还存仿卷轴式绘画，内容漫漶难识。西山墙上方绘影梁，象眼和山花内绘植物纹样。

14. 西曲村大庙

位于寺庄镇西曲村，现存院门、正殿、两侧耳房和两侧厢房，均已残破。

正殿面阔三间，进深四椽，前设檐廊。后壁和两侧壁遗存壁画，漫漶严重。后壁画面为仿围屏式，共有 12 扇，高 340 厘米，通宽 635 厘米，内容难以辨认。两侧壁画面均高 340 厘米，宽 430 厘米，可以辨认出三顾茅庐的图像（图 40）以及骑马战斗的画面，内容应为《三国演义》中的经典故事。

西壁正中墨书清乾隆年间及施主姓名，推测壁画绘制于清乾隆年间。

图 40　大庙正殿东壁三顾茅庐图

15. 安家村关帝庙

位于寺庄镇安家村，前后两进院落，大门位于舞楼下层①（图41）。建筑群落虽布局完整，但院内荒草丛生，殿堂颓废，屋顶破败，壁画被雨水冲刷。

正殿位于后院，面阔三间，进深四椽，前设檐廊。正殿后壁及两侧壁遗存的壁画，透过壁面的白灰显露出来。后壁壁画为仿围屏式，共12扇，高300厘米，通宽619厘米，绘制开光式图像，②但漫漶严重，内容难以辨认。两侧壁画面均高330厘米，宽450厘米，大部分壁面被白灰覆盖。东壁下部显露出二男子分别牵黑牛、白马，后随刘备、关羽、张飞，刘备与关羽似正在交谈（图42）。该画面应表现了三人前往桃园结义的情景，黑牛和白马为祭礼。还可辨识出三英战吕

---

① 笔者在调查高平壁画和豫西北地区的古建筑时，常见下为庙门，上为戏台的戏楼。该形式被广泛使用，倒座的戏楼与正殿相对，达到"娱神"的目的，同时又便于通行和观戏。

② 开光为中国传统工艺美术装饰手法之一。为使器物装饰变化多样，或突出某一形象，在其某部位留出某一形状（如扇形、蕉叶形等）的空间，然后在该空间里饰以花纹。高平明清寺观一些壁画中绘制方形、圆形、菱形、叶形、扇形、卷册形等多种形状，在其中绘制人物、山水、花鸟或题诗等，类似开光装饰，因此借用这一术语称之。

图 41　安家村关帝庙前院舞楼

图 42　关帝庙正殿东壁下部

图 43　关帝庙厢房后壁麒麟图

布、古城会等场景，但因漫漶模糊，细节难以辨认。

前壁门两侧残存功德主姓氏。两侧壁上方绘影梁，山花和象眼处绘植物纹样。厢房内遗存麒麟图（图43）、竹石图等。

正殿前廊西侧矗立着清乾隆四十七年（1782）刊刻的石碑，碑文载当时为"接补风脉"扩建该庙。前廊东侧刊刻于清道光八年（1828）的《重修戏楼碑记》记载了改建骑门、戏楼，创修东禅房、西厂棚，补修正殿、东西夹殿等事，由此判断该庙壁画的绘制时期应不晚于清道光年间。

16. 白家坡村观音堂

位于寺庄镇白家坡村附近的山顶，现存正殿、左耳房和戏台，一条乡道从正殿与戏台之间穿过。

正殿面阔三间，进深四椽，前设檐廊，悬山顶，后壁与两侧壁遗存壁画。

后壁绘制12扇仿围屏式壁画，画面高280厘米，通宽728厘米，屏心相间绘制花鸟、山水和人物（图44）。从左至右，第1扇绘两只鹤，一只立在松树上，另一只向其飞来（图 45）。第 2 扇远景绘山峦、房舍，近景为山石、树木以及水面上的一叶扁舟，舟上坐一男子。第 3 扇上方绘蝴蝶在柳条旁飞舞，下方为两只瞪着大眼的鸟雀立在怪石上。第 4 扇描绘观瀑图，老幼三人站在石径中观看对面山上的瀑布。第 5 扇绘两只凤鸟立在牡丹丛下的石上。第 6 扇绘山峦、树木以及从远处流来的溪水。第 7 扇上方绘一只白色鸟雀停在莲蓬上啄食莲子，下方绘一只鹭鸶单腿立于水中。[1] 第 8 扇绘山水、树木及游人。第 9 扇可见菊花、怪石、枯枝以及两只飞舞的蝴蝶。第 10 扇绘山峦林木间，两人在松下弈棋，一人在旁边观看，一童子在树旁煮茶。第 11 扇绘一只喜鹊立在梅树上，另一只向其飞来（图 46）。第 12 扇表现踏雪寻梅的场景，绘雪山寒林中的茅屋和远处一骑驴者及扛梅枝的童子。[2]

后壁花卉画中，第 3 扇的柳树代表春季，第 7 扇的荷花表示夏季，第 9 扇的菊花代表秋季，第 11 扇的梅花代表冬季。山水人物画中第 2 扇为春季泛舟，第 4 扇是夏季观瀑，第 10 扇绘秋季弈棋，第 12 扇为冬季寻梅。画面大体按照季节顺序绘制，格调高致，笔墨疏朗，人文气息浓郁，反映出文人画对民间壁画的影响。

两侧壁上方三角形区域内绘观世音救难图，下部为由纹样框起的主体画面，上方排列十二身菩萨，下方大面积绘制罗汉游艺图（图 47、48）。

观世音救八难源自《妙法莲华经》。[3] 两侧壁上方以脊檩和二金檩将画面自然分为四段。观世音出现在每一段，附头光，着白衣，或立或坐于云际，向下观看或伸手援助。东壁左段隐约可辨两人立于上方。中左段绘二官员坐于桌案后，旁立差役，桌前似乎跪坐一人，但漫漶不明，观世音坐于云际。推测该画面可能表现"枷锁难"。中右段上方的观世音伸出右手，下方跪坐一男子，左侧二男子持

---

①"鹭"谐音"路"。荷为莲，"莲"谐音"连"，根相连，茎相离。整个画面寓意"一路连科"，其他庙宇中绘两只鹭鸶者意为"路路连科"，均表示仕途顺利。

②"孟浩然情怀旷达，常冒雪骑驴寻梅。"（明）张岱：《夜航船》卷一《天文部》，四川文艺出版社，1996，第 14 页。

③（后秦）鸠摩罗什译《妙法莲华经》卷七《观世音菩萨普门品》以偈语描述观世音救难方式和范围，列举了观世音拯救"大火难""大水难""坠崖难""刀杖难""怨贼难""枷锁难""罗刹难""恶兽难""毒虫难""雷电难""困苦难"等诸多苦难，在此图像中表现为八难。

图 44　观音堂后壁（局部）

图 45　观音堂后壁第 1 扇

图 46　观音堂后壁第 11 扇

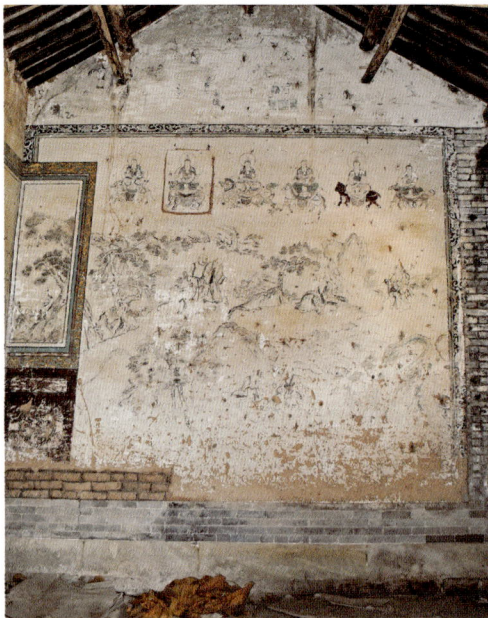

图 47　观音堂东壁　　　　　　　　　图 48　观音堂西壁

鞭、佩刀指向跪地男子，该画面应表现"怨贼难"。右段下方绘蛇和蝎子爬向二商旅，观世音执柳枝立于云际，该画面应表现"毒虫难"。西壁左段上方绘观世音立于云际向下观看，下方一文士坐于书案后打盹，其头顶发出光束，光束中文士跪坐于地。画面描绘男子读书时思绪飘出，或许为"困苦难"。中左段下方绘一合掌的官员坐在船内，对面小船上立二持刀的匪徒，上方绘观世音伸手相救，表现的应是"刀杖难"。中右段上方绘观世音向下观看，下方绘一男子拱手跪坐在莲花上，左侧一房屋泡在水中，应表现"大水难"。右段上方绘观世音坐于莲花上，右下可见雷公和电母，再下漫漶不明，应表现"雷电难"。

两侧壁上方描绘十二身骑乘动物的菩萨图像，诸菩萨面容与装束相同，手印略有差别，均结跏趺坐在由十二生肖承托的莲座上（图 49、50）。动物行于云际，均头朝里，尾向外，鞍鞯俱全。十二身菩萨与十二生肖组合表现，可称为"十二辰相菩萨"，体现了佛教十二因缘概念与民间生肖观念的结合，应为佛教图像发展到晚期出现的菩萨样式。[1]

---

[1] "十二辰相菩萨"的具体论述可参阅谷东方：《山西高平清代十二辰相菩萨图像辨析》，《敦煌研究》2016 年第 3 期，第 26—34 页。

图 49　观音堂东壁菩萨线描图

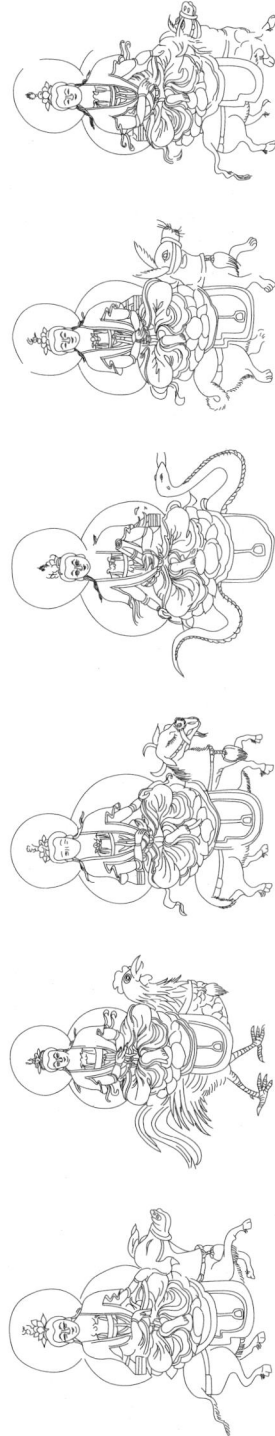

图 50　观音堂西壁菩萨线描图

两侧壁下部的罗汉游艺图，大体可分上、下两层，下层漫漶严重。东壁上层左侧绘一罗汉赤足扛杖而行，中间绘一罗汉坐在蒲团上，右侧绘二罗汉立于水岸注视水中的龙（图51），下层中间描绘二罗汉坐在石上促膝交谈。西壁上层左侧绘一罗汉观看另一罗汉伏虎（图52），右侧绘捏蝴蝶和持如意的罗汉。两壁余处漫漶严重，难以辨别罗汉数量，但因存在降龙与伏虎罗汉，推测两壁为十八罗汉。[①]罗汉在山林间游艺的图像至迟在明代出现，该图像可能受到当时禅学或魏晋以来道家隐逸思想影响，其画风契合宋元以来盛行的文人画风格，脱离了宗教的肃穆感，形式活泼，野逸清新。诸罗汉置身于山林树石间，显得自在适性。

后壁与两侧壁绘画的笔墨技巧、着色方式、风格特征等差异较大，应当不是同一人所绘或非同一时期完成。正殿脊枋底墨书该殿创建于清乾隆四十七年（1782）。对面戏台后壁存清同治二年（1863）戏班在此表演的剧目，[②]表明当时该庙仍在使用。殿前檐廊立民国十七年（1928）刊刻的《白家坡村补修观音庙碑记》，碑文记载当时乡民见此庙"楹桷有颓崩之势，墙垣有倾圮之形"，于是进行补修，之后"雕梁画栋，鸟革翚飞，而焕然一新焉"。据此推测后壁应绘制于清乾隆年间，两侧壁大概在民国重修该殿时绘制。[③]

17. 赵庄村真武庙

位于寺庄镇赵庄村，现存正殿和两侧的耳房，近年来进行了重修。

正殿面阔三间，进深四椽，前设檐廊，悬山顶。后壁及两侧壁的上部遗存壁画，下部被白灰覆盖。后壁为仿围屏式，共12扇，画面残高150厘米，通宽811厘米，绘青绿山水（图53）。

两侧壁画面残高150厘米，宽520厘米，描绘真武故事。诸画面大致能在

[①] 唐玄奘译的《大阿罗汉难提密多罗所说法住记》记述了十六罗汉姓名和护持佛法的功能，至迟在北宋时期又增加了降龙罗汉和伏虎罗汉，称十八罗汉。

[②] 戏台后壁墨书演出题记，顶部五个圈内题"阳邑双合班"，下方戏名为"金水关""异女音""天□楼""反西唐""金杯斗""金龙寺""金前关""云孟□""转云山"，两侧分别题"井满村双□班大□三天"和"同治二年五月十四、五、六日吉立"。

[③] 后壁画面古朴，不见改动痕迹，应为乾隆四十七年创建庙宇时绘制。两侧壁画面形象简单，灰层较新，不排除民国十七年重修时依据原图描绘或重绘的可能。

图 51　观音堂东壁降龙罗汉图

图 52　观音堂西壁伏虎罗汉图

图 53 真武庙正殿后壁

图 54 真武庙东壁中部五龙捧圣图

《玄天上帝启圣录》（以下简称《启圣录》）中找到对应的文本，^①以下主要依据《启圣录》释读壁画，另参考其他类似图像进行补充。^②

东壁正中绘一团云气中披发的真武左手掌前伸，右手举剑，半蹲在一条龙的背上，另外4条龙向中间围拢（图54）《启圣录》卷一载："五龙捧圣……忽有祥云，天花自空而下，弥满山谷四方各三百里，林峦震响，自作步虚仙乐之音。是时，帝身长九尺，面如满月，龙眉凤目，绀发美髯，颜如冰清，头顶九炁玉冠，身披松罗之服，跣足，拱手立于紫霄峰上。须臾，五炁龙君捧拥驾云，而升至大顶天柱峰乃止。"据此可知该画面应表现"五龙捧圣"，佳县白云观和蔚县真武庙同题材中的五龙为人形。

东壁左侧左上方绘一男子挥动拂尘，注视前方蹲着的真武，背景为群峰（图55）《启圣录》卷一载："元君授道。玄帝念道专一，遂感玉清圣祖紫元君传授无极上道，元君告玄帝曰：'子可越海东游历，于翼轸之下有山……子可入是山，择众峰之中冲高紫霄者居之……'告毕，元君升云而去。"推测该画面表现"元君授道"。

左下角绘真武抱剑坐在地上，前方猿猴双手捧桃向其走来。此画面并未在《启圣录》中找到对应的文字记载，但参照蔚县真武庙和佳县白云观的同题材壁画及榜题，可知该画面绘制"猿猴献桃"。

下方绘一赤脚的童子右手举剑，面向前方跪在地上的鬼魅。《启圣录》卷一载："分判人鬼。玄帝到下界七日之中，天下妖魔尽皆收断，人鬼分离，冤魂解散，逝魄超升，锁鬼众于丰都大洞之中。人民始安，阴阳交泰，国土清平。"据此可知该画面表现"分判人鬼"，童子是少年时的真武。

东壁右侧右下方绘一老妪执杖而立，少年真武负剑，朝向老妪拱手而跪（图56）《启圣录》卷一载："悟杵成针。玄帝修炼，未契玄元。一日，欲出山，行至

---

① 参见正统道藏本《玄天上帝启圣录》。

② 本书所参照的其他真武图像如下：其一为河北蔚县北方城村真武庙北极宫殿两侧壁和苏邵堡村北庙真武大帝殿两侧壁的清代真武修真故事图（蔚县博物馆：《蔚州寺庙壁画》，科学出版社，2013），其二为明代《真武灵应图册》（肖海明：《真武图像研究》，文物出版社，2007），其三为陕西佳县白云观正殿两侧壁的清代真武修行图（本书编委会编《中国佳县白云山白云观壁画》，文物出版社，2007）。

图 55　真武庙东壁左侧真武故事图

图 56　真武庙东壁右侧真武故事图

一涧。忽见一老媪操铁杵磨石上。帝揖媪曰：'磨杵何为？'媪曰：'为针耳。'帝曰：'不亦难乎？'媪曰：'功至自成。'帝悟其言，即返岩而精修至道。老媪者，乃圣师紫元君感而化焉。"据此推测该画面应绘制"悟杵成针"。

再往下，画面不全，只见少年真武站在树前，手持梅枝《启圣录》第一卷云："折梅寄榔。玄帝自悟磨针之语，复还所隐。于途折梅枝，寄于榔树上。"据此可知该画面表现"折梅寄榔"。

左上方绘少年真武拱手立于山间，其前方飞着五只红嘴黑羽的乌鸦。《启圣录》卷一载："童真内炼。玄帝登山，首于太子岩栖隐。帝修真时，有灵鸦报晓，黑虎卫岩，每食必饵之。至今，二物通灵，皆证大神，时隐时见。乌鸦喙赤，见之者昌。黑虎驱奸，逆之者殃。"据此推测该画面绘制的应是"童真内炼"，但仅绘群鸦，不见黑虎。

右上绘真武笼袖坐在由云气承托的山洞内《启圣录》卷一云："紫霄圆道。玄帝在山，往来观览。见七十二峰之中，有一峰。上耸紫霄，下有一岩，当阳虚寂。于是采师之诚，目山曰太和山峰，曰紫霄峰岩，曰紫霄岩。据此居焉，即成道之所，今天一真庆宫是也。"据此推测该画面绘制的应是"紫霄圆道"。

西壁正中绘真武坐在一高大的宫殿中，殿额题"金光妙相"，地面置蛇缠龟，座两侧立持卷、印的男女侍者，殿门两侧各立一抱剑、持旗的护法神（图57）。《启圣录》卷一载："复位坎宫。上帝命玄帝曰：'卿可当披发跣足，蹑踏龟蛇，建皂纛玄旗，躬披铠甲，位镇坎宫，天称元帅，世号福神。'每月下降，操扶社稷，普福生灵，亿劫不怠，辉光日新。"据此可知该画面绘制的应是"复位坎宫"，与《真武灵应图册》中此图像类似。

西壁左侧中间绘一虬髯、披甲胄的神祇左手握腰带，右手举锏，跨步向大殿前行（图58）。上部绘少年真武骑凤飞翔。下部绘少年真武与一捧笏的帝王相对而立。右侧右上绘真武手持拂尘坐于空中。右下绘山洞内一身披甲胄的神祇，左手握住圆形物，右手举鞭。

该殿东壁正中绘五龙捧圣，两侧表现其修真过程。西壁正中绘真武大帝坐在北极宫内，两侧表现护法以及或许为真武灵应故事的图像。真武即玄武，早期是

图57　真武庙西壁中部"复位坎宫"图

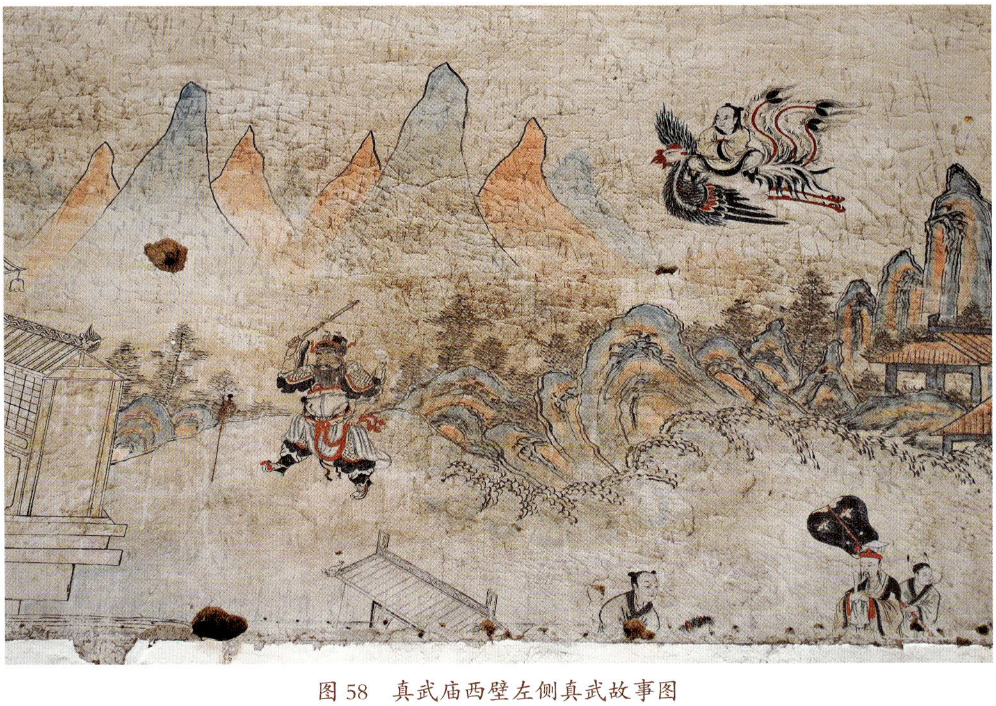

图58　真武庙西壁左侧真武故事图

星辰神和四灵之一，宋元时得到大发展，至明代时，明成祖朱棣将真武钦定为主要神祇，真武信仰遂兴盛，流行于明清。[1]

两侧壁上方绘影梁，山花处绘龙纹，象眼处绘植物纹样。

殿外刊刻于清道光十八年（1838）的《重修真武庙碑记》记载了重修该庙的过程，其中提到道光六年（1826）之前"檐瓦墙壁恒有倾侧颓败"，道光十一年至十四年（1831—1834）重修，据此推测该殿壁画应绘制于清道光年间。

18. 什善村关帝庙

位于寺庄镇什善村，四合院布局，现存舞楼、正殿、两耳房、两侧厢房。

正殿面阔三间，进深四椽，前设檐廊，悬山顶。后壁与两侧壁遗存壁画，殿内曾搭浮棚，将壁画分为上、下两部分，现浮棚上部壁画保存完整，画面色彩鲜艳，浮棚下部涂刷较厚的白灰，不见壁画。

后壁为仿围屏式，共12扇，画面残高130厘米，通宽800厘米（图59）。画面内容为青绿山水，设色浓郁，装饰性强。从左至右，第3、6扇可见神话传说中的人物，但因大部分画面被白灰覆盖，详情不明。

两侧壁画面均残高130厘米，宽459厘米，绘关羽故事（图60、61）。东壁右侧绘关羽和曹操立在营帐前，对面庭院门口立一红一白两匹马，该画面应为"曹操赠马"。左侧绘关羽和张飞举刀持矛，骑马追逐，二兵士举"汉"字旗，被追者举"帅"字旗，表现兵士追逐曹操或大破黄巾军的画面。西壁左侧绘关羽与一将士在城前争斗，张飞在城上擂鼓，该画面表现"古城相会"。右侧绘一合掌僧

---

[1] "真武本于'玄武'，最初是北方七宿的星辰神，它与四灵崇拜相结合，变成龟蛇之神，至宋代被人转化为人格神，宋真宗封之为'真武灵应真君'，为避赵玄朗'圣祖'之讳，改'玄'为'真'，宋钦宗加封为'佑圣助顺真武灵应真君'。元世祖于大都建大昭应宫以祀真武，元成宗加封为元圣仁威玄天上帝，成为北方最高的神。朱棣在发动'靖难之变'中，宣扬真武显灵，称帝后加封真武为北极镇天真武玄天上帝，下令大修该神之祀地武当山，赐名大岳太和山……成祖在北京建造宏大的真武庙，成为京师九庙之一，官方以时祭祀。成祖还在御花园中建钦安殿专祀真武，在奉天殿两壁斗拱间，绘有真武神像，并制作《御制大明玄教乐章》，为祭祀真武帝与二徐真君之用。永乐帝自认为是真武的化身，以此张大自身的形象。"牟钟鉴：《中国道教》，广东人民出版社，1996，第146—147页。

图 59　关帝庙正殿后壁

图 60　关帝庙正殿东壁关羽故事图

图61　关帝庙正殿西壁关羽故事图

图62　关帝庙正殿影梁中部彩绘金龙

人立于庙院内，抬头注视上方，关羽骑马提刀，携周仓、关平立于云际，回首向下看着僧人，此画面应为"玉泉山显圣"。

两侧山墙上方绘影梁，影梁与殿内梁架彩绘相同，保存完整，绘制精美，局部使用沥粉贴金工艺。三架梁中部绘菊花、月季等花卉纹样，还有用沥粉贴金工艺表现的蝙蝠。五架梁中部梁心绘制一龙穿行在牡丹丛中，并使用沥粉贴金工艺，耀眼夺目（图62）。两侧藻头为水波纹框起的八角形格，共计12格，格内绘仕女分别与白象、骆驼、黑牛、白狐、青狮、鹿、狗、羊、猴等12种动物的组合图像，部分动物的肩窝处绘火焰纹样，应象征祥瑞。如乘黑牛的女子手持珊瑚，背上葫芦内飞出蝙蝠，应属献寿题材。两端箍头内描绘在莲花丛中嬉戏的童子（图63）。在传统佛教造像中，童子与莲花组合通常表示莲花化生，童子戏莲图像或许由此演化而来。[①]

图63　关帝庙正殿梁端童子戏莲图

① 笔者随陕北石窟考察组在调查时，在米脂万佛洞和榆林万佛洞内见到化生童子浮雕。两窟均为明代开凿，镌刻童子在莲茎上嬉戏，强调装饰性和趣味性。化生为佛教所谓的四生之一，即出生在水中的莲花之内。（三国吴）支谦译《佛说阿弥陀三耶三佛萨楼佛檀过度人道经》卷上云："诸生阿弥陀佛国者，皆于七宝水池莲华中化生。"详见《大正藏》第十二册，第303页。

影梁的山花处无图像。象眼和后壁顶部绘制的拱眼壁处表现水墨花鸟，每幅图都以篆书或草书题写诗句，有落款和印章。东壁象眼处绘柳树和两只燕子，一只在柳枝上栖息，另一只于柳荫下飞舞。西壁象眼处绘墨葡萄。后壁上缘共绘六块拱眼壁，由左至右依次绘制雄鹰苍松、风吹牡丹、修竹映月、菊花螃蟹、寒梅鸟雀、萝卜白菜。根据各图落款，可知画者为张凤仪，号黄山道人，书画俱佳。

脊枋底墨书道光三年（1823）动工、四年（1824）上梁的题记，据此推测壁画与彩绘应完工于清道光年间。殿内壁画和梁坊彩绘用笔规矩，设色艳丽，应为画匠绘制。拱眼壁内水墨画用笔飘逸，墨色浓淡恰当，书法笔力遒劲，应为文士所绘。

19. 什善村慈云阁

位于寺庄镇什善村南侧，四合院布局，现存大门、正殿、两耳房、两侧厢房，规模较小，建造在河渠之上。

正殿面阔三间，进深四椽，前设檐廊，硬山顶。后壁与两侧壁上部遗存壁画，后壁画面残高120厘米，宽620厘米，两侧壁画面均残高120厘米，宽280厘米。壁面曾被烟火、雨水等破坏，所绘情节难以识读，仅可辨个别形象。后壁中部可见一座双层楼阁，周围水面似乎有若干人。右下方绘一拄杖老者躬身前行。北壁中部可辨一老者骑驴走在桥上，旁边随一童子，骑驴老者可能为张果老[1]（图64）。南壁右上方描绘云气上立几人，只可辨右侧具五缕须髯的男子，左手握腰带，右手执拂尘，身旁随一黑猪。画面线条纤细，人物造型生动，比例恰当，建筑物细致繁密，绘制水平较高，可惜漫漶严重。

两侧山墙上方绘影梁，山花与象眼处绘植物纹样。

檐廊内刊刻于同治五年（1866）的《创修三大士阁碑记》和光绪九年（1883）的《重修三大士阁碑记》，记载了该庙创建和重修的经过，据此可知此庙原名为三大士阁，创建于清同治五年，光绪九年进行塑像贴金，增设供桌，加固殿基等工作，壁画应绘于清同治或光绪年间。

---

[1] 传说张果老曾在赵州桥上骑驴，以测试桥的坚固程度。

图 64　慈云阁北壁老者骑驴图

20. 鹿宿村白龙庙

位于寺庄镇鹿宿村，四合院布局，现存舞楼、正殿、两耳房、两侧厢房。舞楼倒座，上层为戏台，下层设庙门。

正殿面阔三间，进深六椽，前设檐廊，悬山顶。后壁下方可见三处基坛的痕迹，原应塑三尊造像。后壁和两侧壁上仍保留着壁画，但曾被涂抹白灰和贴纸，以及烟火熏烤，再加上开设门洞和搭建浮棚等，画面已严重受损，细节难以辨认。

后壁画面高 200 厘米，宽 882 厘米，中部壁画较清晰，分为左、右两部分，为仿围屏式，两部分各遗存 5 扇画面。左侧从左至右第 1 扇底部可见一戴盔者的头部，其余部分漫漶严重。第 2 扇中部绘一雄鸡站在石头上，旁边为植物的枝叶。第 3 扇中部绘一人骑马挥舞双刀，身后似有人追逐。第 4 扇中部可见一凤凰，上方为牡丹，应为凤凰牡丹图。第 5 扇下部绘院落中一官员坐在桌案后，桌前跪一侍者，抬头望向官员。右侧从左至右第 1 扇中部绘院落和殿堂，殿内桌案

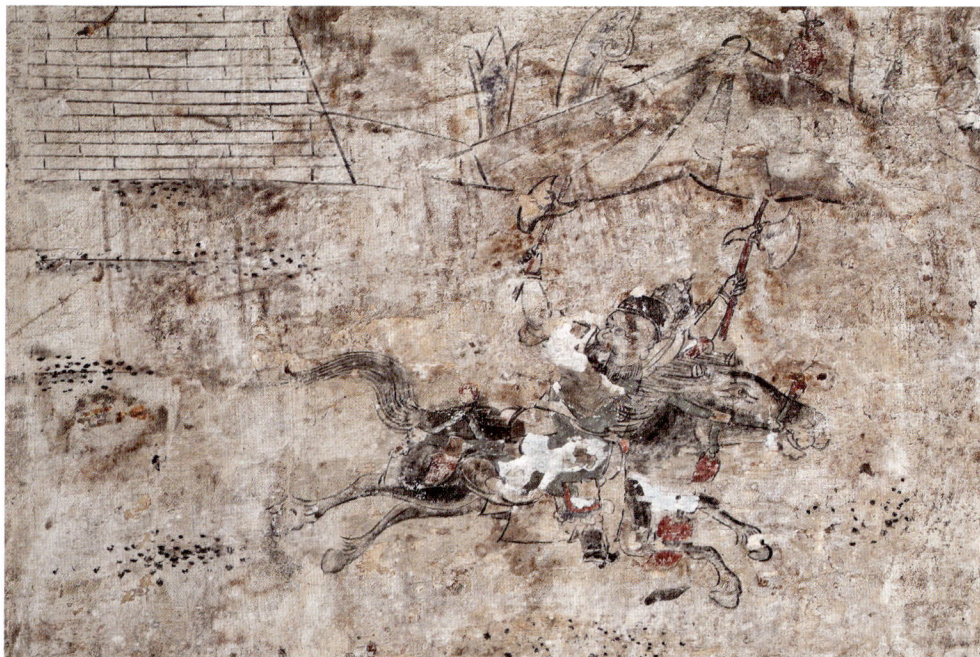

图 65　白龙庙正殿后壁右侧第 5 扇（局部）

图 66　白龙庙正殿东次间檐垫板图像

图 67　白龙庙正殿当心间檐垫板图像

图 68　白龙庙正殿西次间檐垫板图像

后坐一武将，院门两侧立持刀的护卫。第2扇绘荷花、荷叶以及两只似为鸳鸯的鸟。第3扇下部绘两人骑马交战，一人拖刀败走，另一人催马紧追。第4扇中部绘两只雄鸡合鸣。第5扇中部绘一武将站在城墙上挥舞旗帜，城外扎设营帐，一骑黑马者高举双斧（图65）。后壁画面中人物与花鸟相间排列，其中6扇画面应为故事图，但具体内容尚不明确。

两侧壁画面高200厘米，宽510厘米，漫漶严重，可辨认出神王、雷公、电母、鬼卒、龙等形象以及云气、风、雨、雾等内容，应为布雨图。两侧山墙上方绘影梁，山花处绘龙虎图，象眼处绘植物纹样。

正殿门窗上方檐垫板上遗存水墨图像，共20格，分上、下两层，每层10格（图66、67、68）。上层10格绘花卉、树木，从左至右依次为松、牡丹、梅、荷、柳、月季、竹、竹枝、兰、菊。下层10格绘人物（第5、6格内无图像），从左至右第1格内为一长须老者，戴斗笠，左手握杖，右手持杯。第2格内为一女子转头侧视。第3格内绘二披发年轻人相对站立。第4格漫漶，可辨一戴幞头，长虬须的男子，似倚石而坐。第7格内绘一戴巾，负剑的男子，似为吕洞宾。第8格内绘一具双髻、长髯，袒胸的男子，右手握芭蕉扇，似为汉钟离。第9格褪色严重，可辨一扛桃枝的人物。第10格褪色，绘一头扎双髻的童子似提一花篮。此处水墨图像是清代水墨画流行的一种表现，被广泛应用于庙堂殿宇的装饰。

舞楼下方过道侧壁嵌有刊刻于明万历四十五年（1617）的碑记，由碑记可知，明代时该庙应已存在，建筑形制也具有明代风格。但壁画的题材、样式、布局等均具有清代特征，可能是清代重修时绘制的。

21. 河泊村观音庙

位于寺庄镇河泊村，四合院布局，朝向西北，现存正殿、两耳房、两侧厢房，残破不堪。正殿和左耳房内遗存壁画，但正殿的壁画仅可见画框痕迹，画面缺失。

乡民回忆，约在2008年左耳房两侧壁及后壁的壁画被盗割。现左壁和后壁画面不存，右壁残存壁画高约260厘米，宽约180厘米，中心部位泥灰层被盗。

图 69　观音庙左耳房右壁曹操赠金图

该壁应绘制了关羽故事，右上角绘曹操带人追赶关羽，其中一人端着一盘金子，关羽策马回身（图 69）。该画面应表现关羽出走，曹操赠金的情节。壁面左上方绘关羽驱马回刀，身旁为一举帅旗的士卒。左下方绘二祖上身的男子持刀在水中打斗，此画面应为周仓擒庞德的情节。右下方绘一黑一白两牲畜卧在地上，旁边放置盆与刀，应表现桃园结义的画面。

　　该壁画中人物造型僵硬，色彩以平涂为主，绘制水平较低。但遗存状况很好，造型完整，色彩鲜艳，这或许是壁画被盗揭的主要原因。若残余的画面能移至博物馆保存和展示，或可起到警示和教育作用，同时还能用于比对失窃部分，帮助壁画"回家"。

　　脊枋底墨书"同治八年（1869）重修神殿叁间"字样，推测壁画应绘制于同治年间。

22. 后沟村三官庙

　　位于寺庄镇后沟村，四合院布局，朝向南偏西 30 度，现存正殿、门房、两耳房、两侧厢房，院门对面营建戏台。

图 70　三官庙正殿后壁（局部）

正殿面阔三间，进深四椽，悬山顶。殿内后壁遗存的壁画曾被白灰覆盖，漫漶严重，残高160厘米，通宽478厘米，为仿围屏式，共12扇（图70）。从左至右第1扇绘两只鸟雀在花丛中飞舞。第2扇上部绘险峻的悬崖，下方一人骑马行走在山路上。第3扇残余树枝和鸟尾花翎。第4扇绘高山林木以及下方水面上的小舟。第5扇上部绘两只燕子，下部可辨花卉。第6、7扇均可见高山巨石，其他部分漫漶。第8扇绘两只喜鹊落在枝头。第9扇仅可见山崖耸立。第10扇可辨一鸟落在柳枝上。第11扇中部绘两人行走在桥上，其中一人挂杖，下部一人坐在石上，旁边侍立一童子。第12扇可辨识鸟雀和花卉。

后壁画面以花鸟和山水为主题，正中两屏扇为山水，两侧为山水与花鸟相间排列。但由于画面漫漶严重，详细内容不明。

两侧壁仅保留画面边框，无壁画，也无绘画痕迹。左壁有民国六年（1917）和十三年（1924）的墨书记事，表明民国时期壁面就是空白，至今仍然如此。两侧壁上方绘有影梁，象眼和山花处饰以水墨花卉。

门房倒座，前壁门左侧清康熙十九年（1680）维修南殿的墨书题记保存完整（图71）。门右侧墨书记载了康熙三十四年（1695）的一次地震。正殿门外右侧刊

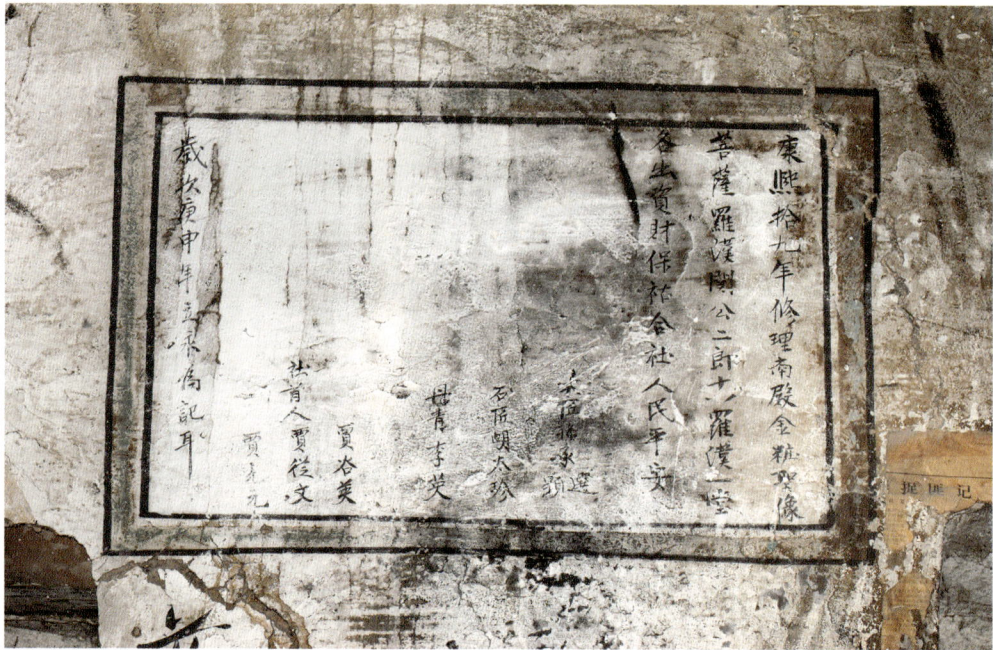

图71　三官庙门房前壁康熙十九年重修题记

刻于清康熙四十九年（1710）的《记元碑》记载明末清初的永昌年间、康熙十九年和四十九年等三次重修过程。门外左侧刊刻于光绪三十年（1904）的《贾家庄大社重修三元碑记》记述了此次重修主要维修殿顶。根据墨书题记和碑记推测，此庙应始建于明代，壁画应绘制于清康熙至光绪期间，以光绪年间绘制的可能性较大。

23.举棒村仙翁庙

位于寺庄镇举棒村东部的发鸠山麓，现存正殿和东厢房，正殿门头板上镌刻"仙翁庙"三字。

正殿面阔三间，进深四椽，前设檐廊，硬山顶。殿内后壁和两侧壁遗存壁画。后壁为仿围屏式，其中明间和西次间的画面缺失，东次间现存两扇半画面，高220厘米，残宽176厘米（图72）。各扇布局相同，顶端墨书榜题，上部绘制山峦，中部表现情节性画面，下部为山坡。东侧第1扇画面中部绘数只麒麟和龙围绕着一个骑马的人物，顶端墨书"平仪王力祥（降）四兽"。第2扇上方画一

图 72　仙翁庙正殿后壁东次间图像

图 73　仙翁庙正殿后壁东次间《西游记》故事图

额头凸起的老者骑鹿踏云由洞中而出，两侧立二童子。云下方绘三人抬头张望，中间是一拱手而立的女子，前方设香炉，两侧随执拂尘的侍者，左上方墨书"精为宫任放神仙"。第3扇仅剩左半部分，中部绘一着盔甲的大将双手举刀，策马奔驰。画面以墨线为主，淡墨分染，着色较少，造型僵硬，水平较低。所绘题材应为神话传说故事，内容不明。

东次间顶端影枋下右侧绘一女子站在山脚下，头顶上方飘出一缕云气，前方地面置竹篮和二钵。中部绘唐僧及身后扛钉耙的猪八戒和持棍牵马的沙僧，上方绘提棒驾云向下观看的孙悟空（图73）。该画面应描绘了《西游记》中师徒四人遇白骨精变化成村姑时的情节。

两侧壁绘制布雨图，画面均高220厘米，宽620厘米。其中，东壁中部泥层大面积脱落，画面残缺。东壁绘制准备布雨的画面，西壁为降雨时的场景，均可分为上、下两段，上段绘制与行雨相关的神祇在云际活动，下段描绘人间情景。东壁人物朝向后壁方向呈行进状，分别为捧钵的雨师，抱虎头袋的风婆，持镜的电母。[1]雨师上方为一背着登云梯和一扛量天尺的鬼卒。后部绘仪仗队伍，大多两两成组：第1组扛飞虎旗，第2组举钺，第3组捧印和卷轴，第4组举金瓜，最后一人举盖。盖下方为四人抬轿，轿内坐双手捧笏的王者。轿侧可见二骑红马男子和骑白马老者。下段可见四人，两人负袋前行，一人扫拢地上的粮食，一人双手持农具，该处应表现农民正赶在下雨前抢收粮食的情景。

西壁上段前部绘布雨四神，前方的风婆双手捧虎头袋，其后为执双镜的电母，再后为雷公手持锤和凿，十五只鼓环绕在其身体周围。最后为雨师，左手捧钵，右手正在挥杨柳枝。背梯与抱尺的鬼卒正向下观看。四神后随三骑马者，前者头戴缨盔，身着甲胄，双手挥舞双剑。其上方和后部绘制与东壁相同的仪仗队伍与王者。下段绘制下雨时的情景：一匹奔跑的红马，后随二扛锄的农夫，后面一人头顶衣物，一人举伞，还有一披蓑衣者牵着两只羊正从山中走出（图74）。

两侧壁中的空白处可见三首墨书诗词，前壁题两首言志诗和两首谜语诗。山

---

① 此三神加上雷公为布雨四神，叶德辉翻刻《三教源流搜神大全》（清宣统元年影印本）称此四者为风伯神、雨师神、五雷神、电母神。

图 74　仙翁庙正殿西壁布雨图

墙上方绘影梁，象眼与山花处绘植物纹样。

　　东厢房后壁和北壁遗存壁画，因剥蚀、烟熏，细节难辨。均为仿卷轴式，中部绘画，两侧为对联。后壁中部绘一人着宽袖长袍，头部残缺，长髯飘在胸际，大腹凸起，束带，挎剑，右手置于腹前。身前一兽以铁链拴在方柱上。左侧上联为"意气元龙高百尺"，右侧下联残存"文章□□□千秋"。北壁中部绘一人戴花脚幞头，有须，着红色圆领袍，束带，右手执如意。其身前立一戴小冠的童子，着圆领长袍，双手托物。上联题"坐久不知香在□"，下联题"□□时有蝶飞来"。对联似乎与读书相关，所绘图像可能是魁星、文曲星、文昌帝君等神祇。

　　正殿脊枋底墨书道光年间上梁题记，门外东侧檐下刊刻于道光二十五年（1845）的《重修仙翁庙碑记》记载了道光年间乡民依据仙翁行宫的传说在旧庙址上重修此庙之事。据此推测该庙壁画可能绘制于清道光年间。

图75　仙翁庙东厢房后壁左段"高山流水"图

图76　仙翁庙东厢房后壁中段"惊梦"图

图 77　仙翁庙西厢房后壁（局部）

24. 伞盖村仙翁庙

位于寺庄镇伞盖村东北方的山顶，规模较大，现存舞楼、拜殿、正殿及两侧耳房、两侧厢房等。殿宇残破，满院杂草，正殿仅残余两侧山墙，庙宇遗存壁画大多漫漶或残缺。

东厢房两侧壁与后壁遗存壁画，其中两侧壁漫漶严重，画面难辨。后壁为仿座屏式，屏心左段描绘俞伯牙与钟子期以琴相交的典故（图 75），中段应表现《西厢记》中"惊梦"一折的内容（图 76），右段绘二男子与两头牛。左段和中段均表现了交往的主题，左段描绘初见，中段表现别离，可见绘者选取情节的良苦用心。

西厢房后壁遗存壁画，为仿围屏式，共 10 扇，大多绘花卉、奇石、树木组合，布局接近，程式化明显（图 77）。由左至右分别为竹、柳、玉兰、荷、佛手、秋叶、石榴、梅、松和二鹤（第 7 扇内容不明）。两侧壁残存山石悬塑，其上造像已不存。

西耳房后壁和西壁部分壁画遭盗割。后壁为仿围屏式，共 12 扇，相间排列山水与花鸟（图 78）。由左至右第 1 扇绘观瀑图，第 2 扇绘竹石图，第 3 扇

图 78　仙翁庙西耳房后壁（局部）

图 79　仙翁庙东耳房后壁龙虎图

漫漶，第 4 扇绘牡丹丛、猫和蝴蝶，^①第 5 扇被割取，第 6 扇绘荷花丛与二鹭鸶，第 7 扇被割取，第 8 扇绘菊石图，第 9 扇绘山水、人物，第 10 扇绘两只喜鹊立在梅树上，第 11 扇被割取，第 12 扇绘一鹿立在松树下。^②西壁上部大面积被盗割，残存的底部画面描绘关羽故事，左侧绘灞桥挑袍画面，右侧绘斩将情节。

东耳房后壁绘龙虎图（图 79），两侧壁为仿卷轴式山水画，漫漶严重。

拜殿内乾隆三十三年（1768）候选知县赵湛撰文的《重修仙翁庙记》记述本县民众向张仙翁求雨而获甘霖之事。

刊刻于明成化七年（1471）的伯方村仙翁庙《重修西总圣仙翁庙记》记述了明代天顺六年（1462）春夏无雨，乡民向仙翁求雨而获的旧事。笔者在考察中所见的若干实例表明，在明清时期的高平地区存在着向仙翁求雨的现象。

另有刊刻于咸丰二年（1852）的《伞盖村补修张仙翁庙记》和刊刻于嘉庆十五年（1810）的《三义殿补修》等碑。据此推测壁画应绘于清中晚期，诸殿壁画风格均不相同，应为不同的画匠绘制，绘画水平普遍不高。

25. 柳村东庙

位于寺庄镇柳村外东侧田间，现存正殿、两耳房和两侧厢房。院内荒草丛生，砖瓦散落，破败不堪。

西厢房后壁残存壁画，漫漶残损严重，残高约 220 厘米，残宽约 620 厘米，大致可分为左、中、右三段。中段绘二龙戏珠^③（图 80）。左段壁面遭受雨水冲刷，画面已不存。右段画面漫漶残损，似绘一鹤。北壁仅残余半截墙体，壁画无存。南壁只有左侧边缘可见壁画残迹，内容无法辨认。后壁和南壁的上缘残存影梁，象眼和山花处绘植物纹样。

庙内并未发现修建殿宇的题记，但根据建筑形制和壁画样式推测该壁画绘制于清代中晚期。

---

① 牡丹代表富贵，猫、蝶谐音"耄耋"，该图像寓意长寿富贵。

② 鹿谐音"禄"，取松树常青之意，该图像寓意寿禄延年。

③ 二龙戏珠图像在清代应用广泛，形式多样，寓意吉祥。李静杰、齐庆媛：《二龙系珠与二龙拱珠及二龙戏珠的图像系谱》，《石窟寺研究》第 6 辑，第 202—254 页。

图 80　东庙西厢房后壁中段二龙戏珠图

26. 张家村祖师庙

位于北城街道张家村，分左、右两处院落，均已整修一新。正殿面阔三间，进深四椽，硬山顶。西壁被白灰涂刷，可以辨认出壁面右侧绘制一持鞭神祇（图81），画面高约 200 厘米。

脊梁底部可见墨书题记："道光辛巳年（元年，1821）创修正殿三间……住持僧真玉。"据此推测壁画应绘于道光年间。

27. 石门村玉皇庙

位于北城街道石门村西北，现存戏台、正殿、两耳房、两侧厢房，院内草木丛生。正殿和西耳房内遗存壁画。

正殿面阔三间，进深六椽，前设檐廊，悬山顶，五花山墙。殿内后壁和两侧壁遗存壁画。后壁画面为仿围屏式，共 12 扇，高 233 厘米，通宽 759 厘米，表现故事和花鸟题材，上方墨书诗句。从左至右第 1 扇绘一寿带鸟立在树枝上（图82），下方为奇石和牡丹花丛，上方墨书："春□红叶果，枝上鸟□鸣。"第 2 扇

图 81　祖师庙正殿西壁

图 82　玉皇庙正殿后壁第 1 扇

漫漶严重，可辨识山石、云水、林木等景物。第 3 扇绘花丛、瘦石、斜树，一蝴蝶飞舞其间，上方题"看向石□□出冷，风烂花里过□香"。第 4 扇绘孙悟空乘云举棒，对面一女精怪双手舞剑，身后山洞上题"琵琶洞"（图 83），上方题"毒笛山前三不让，琵琶洞外两无情"。应描绘孙悟空与琵琶精打斗的画面。第 5 扇漫漶严重，可辨为花鸟题材。第 6 扇下部残缺，上部残存山、树、流云，题"小龙山燕王□宝"，该屏应绘故事图像。第 7 扇绘松树下一男子弯弓搭箭正欲射兽，上方题"芦沟桥张玉射□"，应绘故事图像。第 8 扇上部绘柳树，下部为荷花和两只鹭鸶（图 84），上方题"接天莲叶无穷碧，映日荷花别样红"。第 9 扇漫漶，上方可见山峰壁立，下方巨石旁立二人。第 10 扇漫漶严重，可辨为花鸟题材。第 11 扇漫漶，绘云气绕险峰，可辨云中一人拱手而立。第 12 扇绘一只喜鹊立在梅枝，另一只喜鹊向其飞去（图 85），寓意"喜上眉梢""喜上加喜"。[①] 上方

---

① 梅枝与喜鹊寓意"喜上眉梢"。此画面中一只喜鹊立在梅梢，另一只向其飞去，应有"喜上加喜"的含义。如此安排既符合传统花鸟画讲究的呼应和变化，又具有吉祥内涵。高平明清寺观中有很多同题材或类似题材的图像，布局方式大体相同，可见该图式流行广泛。

图 83　玉皇庙正殿后壁第 4 扇

图 84　玉皇庙正殿后壁第 8 扇（局部）

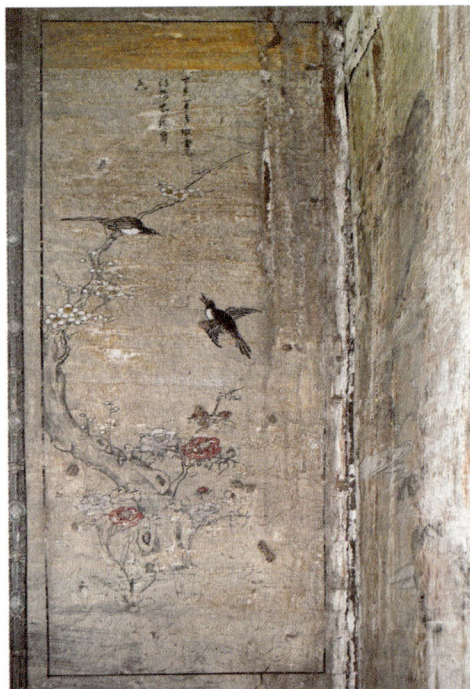

图 85　玉皇庙正殿后壁第 12 扇

题"不是一番寒彻骨，怎得梅花扑鼻香"，字迹深浅不同，有描摹的痕迹。

两侧壁下方各遗存一组图像（图86、87），画面均高152厘米，宽175厘米。各绘有六名双手捧笏的男子，其中一人戴冕冠，其他人戴通天冠。壁面余处皆为空白，加之人物衣领、袖口、冠饰等处未着色，所画主题不明，推测该画为未完工之作。

檐廊西壁画面高220厘米，宽180厘米，绘形体高大的护法，红肤虬髯，戴盔披甲，帔帛飘扬。下部剥蚀，漫漶严重。

西厢房后壁曾被白灰刷涂，壁面现绘仿围屏式画面，共10扇，上下残缺，仅余中段，残高150厘米，宽508厘米。北侧7扇间隔绘制人物与花鸟图（图88），由左至右第1扇绘骑玩具马的三童子，第2扇绘两只飞舞的燕子，第3扇绘放风筝的一童子和嬉戏的五童子，第4扇绘迎春、牡丹、奇石和鸟雀，第5扇漫漶，第6扇绘二鸟雀与荷花，第7扇漫漶，可辨童子形象。

两侧壁为悬塑，现仅见岩石背景，不见造像。

庙内刊刻于清嘉庆二十四年（1819）的《重修玉皇庙序》记载了补修正殿等

图86　玉皇庙正殿东壁下方（牛晓明提供）

图 87　玉皇庙正殿西壁下方（牛晓明提供）

图 88　玉皇庙西厢房后壁北侧人物、花鸟图

房屋和创修舞楼闪堂之事。正殿檐廊西壁护法形象与该庙其他区域壁画的风格不同，可能绘制时间较早。正殿后壁大约绘制于清嘉庆年间，两侧壁画面颜色较新，且未完工，推测时期更晚。

28. 企甲院村二仙庙

位于北城街道企甲院村，前后两进院落。前院地势较低，院门设在东南角，南侧修建舞楼，东、西两侧为看楼，北边上台阶后至过厅，穿越过厅进入后院。后院中正殿坐落于北侧，两侧附耳房，东、西两侧建造厢房。东、西耳房内遗存壁画，其中西耳房的壁画较完整。

西耳房面阔二间，进深四椽，硬山顶。殿内后壁和两侧壁绘制壁画，壁面曾刷涂白灰，后被清理，但不够彻底，留下白色斑块。

西耳房后壁绘 10 扇仿围屏式壁画，画面高 194 厘米，通宽 384 厘米，相间绘制山水、人物和花鸟题材。由左至右第 1 扇上方绘崖壁和山脉，下方绘山石树木、两个年轻女子和墙头上的一书生。第 2 扇漫漶，可辨花丛和山石。第 3 扇绘一书生与一老僧坐在椅上观看一手持棍棒练武的僧人。第 4 扇绘牡丹花丛和山石。第 5 扇绘山岭间一人骑马前行，后随一挑书担的童子。第 6 扇绘荷花丛和两只鹭鸶。第 7 扇绘山岭间，二人相互施礼，旁边一女子转身欲走。第 8 扇绘菊花和山石。第 9 扇绘一年轻男子正在整冠，对面立二女子（图 89）。第 10 扇绘一喜鹊立在梅树上。

画面中反复出现的书生或年轻男子应是《西厢记》中的张生，有其出现的画面绘制的应是张生在墙头窥探崔莺莺烧香，张生与法本观看惠明习武，张生携童子离寺，张生与崔莺莺、红娘相遇，张生与二人再次相见的情节。

西耳房两侧壁绘婴戏图（图 90、91），画面均高 246 厘米，宽 372 厘米。分组表现童子在山间嬉戏，方形框内墨书榜题。东壁绘制童子扮官员审案、破缸救友、假扮舞狮、争旗、放风筝、捉迷藏、对饮、爬树捉鸟、玩武戏、放爆竹（图 92）和围坐于地的十一组童子，西壁描绘童子放风筝、抱持瓶磬环、夺盔、戏鸟雀、欣赏字画（图 93）、捉迷藏、拉车、抬轿、扮官员出行等十组童子。

图 89　二仙庙西耳房后壁第 9 扇

图 90　二仙庙西耳房东壁婴戏图

图 91　二仙庙西耳房西壁婴戏图

图 92　二仙庙西耳房东壁放爆竹图（牛晓明提供）

图93　二仙庙西耳房西壁框下欣赏字画图

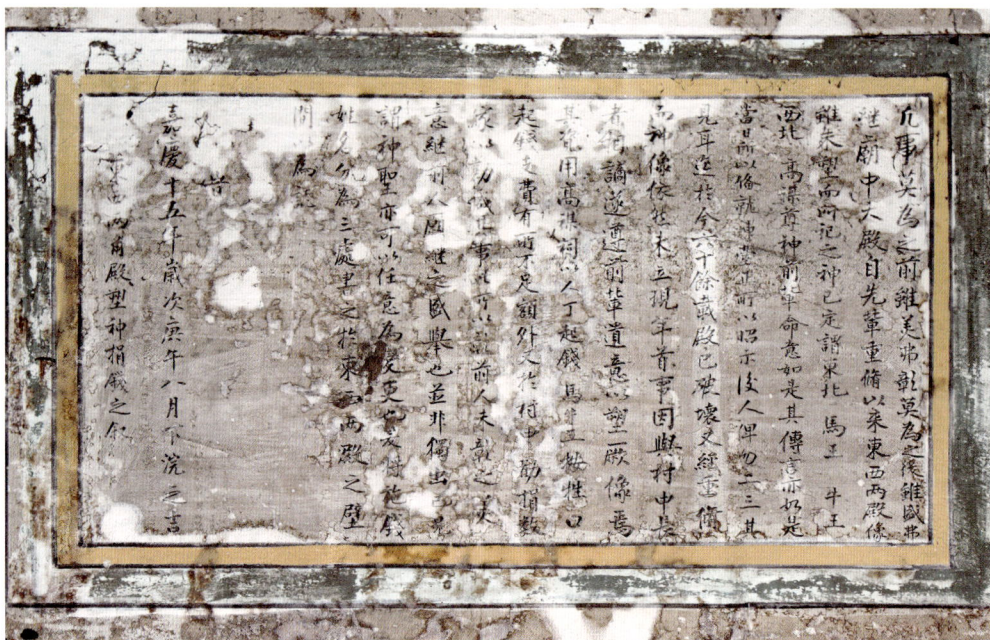

图94　二仙庙西耳房东壁榜题

寓意五子夺魁、平升三级、吉庆连环、状元及第、炮除旧岁、封侯挂印等吉祥含义。

东耳房两侧壁被白灰遮盖，可辨为仿卷轴式壁画，隐约可见龙虎图。

西耳房两侧壁保存书写于嘉庆十五年（1810）的墨书榜题，其中东壁《东西两角殿塑神捐钱之叙》记载两侧耳房的名称和造像经过（图94）。西耳房为高禖祠，东耳房为马牛王祠，维修马牛王祠"按牲口起钱"，维修高禖祠则"以人丁起钱"。西耳房壁画的题材应与人口繁衍相关，后壁绘《西厢记》故事，表现张生和崔莺莺的爱情，并以二人相见作为结尾，摒弃了二人分离的故事结局，寓意姻缘美满。两侧壁为婴戏图，描绘孩童嬉戏画面，可见乡民祈求人丁兴旺。

两侧壁榜题无重描或改写痕迹，应与壁画同时完成，据此推测该殿壁画绘于清嘉庆十五年。另外，庙内还存八通石碑，其中刊刻于乾隆三十一年（1766）的《增修真泽庙碑记》记载乾隆年间扩建正殿，创建山门和东、西耳房以及左、右僧舍之事。由刊刻于乾隆三十四年（1769）的《创修舞楼碑记》和乾隆四十七年（1782）的《创修东西禅楼碑记》可知，清乾隆年间该庙规模扩大，庙貌焕然一新。另，刊刻于嘉庆十六年（1811）的《东西两殿塿像布施记》与西耳房东壁榜题内容接近。

29.扶市村仓颉庙

位于永录乡扶市村，现存舞楼、正殿、两耳房、两侧厢房。正殿面阔三间，进深四椽，前设檐廊，前壁当心间和两次间设格扇门。正殿后壁和两侧壁遗存壁画，檐垫板上绘制图像。

后壁为仿围屏式壁画，画面高325厘米，宽896厘米，共14扇。中部12扇为开光式图像，两侧扇屏心绘龙虎图，屏座绘不同的云龙纹。由左至右第1扇上图绘山水间一戴小冠，着交领长袍者坐在岸边垂钓，其背后树下一戴幞头，着圆领袍者正向其躬身施礼，其身后随一文官和一武官及二举仪仗的侍者。该图应表现周文王在渭水边请姜子牙出山的画面。下图绘山水小景（图95）。第2扇上图绘二人对坐于崖壁下的岩石上。中图绘花丛、奇石。下图绘一文士坐在树下的石条

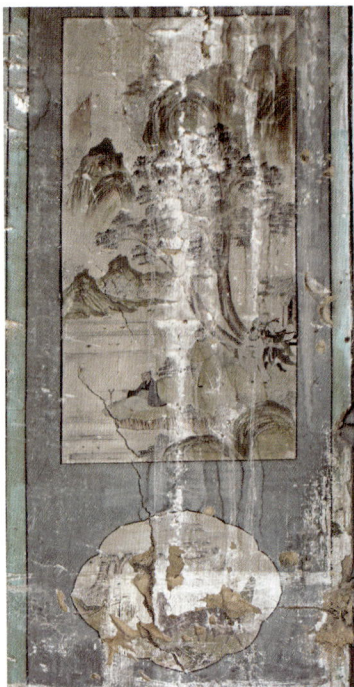

图 95　仓颉庙正殿后壁第 1 扇

图 96　仓颉庙正殿后壁第 3 扇

上眺望远山。第 3 扇上图绘二人立于树下，前方一着圆领长袍者向远处眺望，伸出右手，身后立一持扇的侍者，树后拴一马。下图山中一男子坐在椅上，身后立一着绿袍的人，一着灰袍者倚栏而立，向外观望，后随一托物的侍者（图 96）。第 4 扇上图绘两只喜鹊和花枝。中图绘二人走在山间。下图绘花枝和瘦石。第 5 扇上图上方漫漶，似乎为山峰云气，下方绘庭院中一女子坐于桌案后，背倚屏风，旁立侍女。下图绘一鸟雀立在花枝上，转头注视上方的蝴蝶。第 6 扇上图绘花瓶、瓷罐、书匣、琴囊等器物。下图上方绘高山飞瀑，下方漫漶。第 7 扇上图绘一武士装束者坐于石上，身后立侍卫，其对面一人正在跪着施礼。中图绘花丛、立石。下图画面漫漶难辨。第 8 扇上图上方绘峰峦叠嶂，下方山坡上一人抬起右手指向远方，一人夹抱裹布的琴。下图绘荷花（图 97）。第 9 扇上图绘花卉。下图可辨一戴斗笠者坐在崖下岸边垂钓，身后置竹篮，右上方墨书"钓而不网"。第 10 扇上图绘花卉。下图上方绘远山，下方绘树下山坡上二文士正在交谈，旁边立一童子。左下方墨书题记漫漶（图 98）。第 11 扇上图漫漶难辨，中

图 97　仓颉庙正殿后壁第 8 扇

图 98　仓颉庙正殿后壁第 10 扇

图绘一丛牡丹。下图较漫漶，似绘文士游山。第 12 扇上图绘山、树、坡、水，中间崖后似有一组殿宇。下图漫漶。

后壁 12 屏扇的每扇内绘两方或三方图，大小不同。一屏两方图中大图均绘山水、人物，一屏三方图中大图多为花鸟。后壁贴墙的两根方形石柱将壁画分为 3 段，每段 4 扇。

两侧壁绘布雨图，画面高 395 厘米，宽 426 厘米，下部被白灰遮盖，上部图像清晰。正中绘孔雀羽顶车内坐一戴通天冠的男子，应为龙王。车前立一戴盔着甲、持锤的护卫，车后为二戴举脚幞头、持扇的侍卫。车子上方绘双手持镜的电母，后随怀抱瓶的雨师（图 99）。前部上方雷公左手握凿，右手持锤，周围环绕五只鼓。下方的风婆具高髻，相貌年轻，着对襟长衫，背负风袋（图 100）。壁面左上方绘一双手握尺的男子。东壁人物朝向后壁呈行进状。西壁所绘人物与东壁类似，朝向殿门呈外出状。

两侧山墙上方绘影梁，象眼和山花处绘植物纹样，影梁和室内五架梁绘装饰

图 99　仓颉庙正殿东壁中部龙王图

图 100　仓颉庙正殿东壁右侧雷公和风婆

感颇强的红底黑龙纹样，后壁石柱上的云龙使用沥粉贴金工艺。

殿门上方檐垫板分9格，部分图像漫漶不可辨。可辨的格内均在白底上以墨线绘制图像，由左至右第1格内绘铁拐李，有虬须，挂拐。第3格内可辨抱渔鼓的张果老。第4格内绘汉钟离右手执扇，左手托葫芦。第5格内绘一老者，高额、长眉，着宽袖长袍，持杖，应为南极仙翁。第6格内绘着道袍，负剑的吕洞宾（图101）。第9格内绘头扎双髻的蓝采和双手托抱花篮（图102）。第2、7、8格内图像漫漶不可辨，亦应绘八仙。画面中南极仙翁处于正中，两边分列八仙，寓意八仙捧寿。

庙内无反映壁画绘制时期的题记，由绘画风格与题材推测该壁画绘制于清中晚期。

30. 泉则头村观音堂

位于永录乡泉则头村，现存院门、正殿、两耳房、两侧厢房。正殿面阔三间，进深四椽，前设檐廊，悬山顶。正殿的后壁和两侧壁及东耳房后壁遗存壁画。

正殿后壁为12扇仿围屏式壁画，画面高268厘米，宽769厘米。后壁10扇屏心相接，绘制群仙祝寿图（图103）。上方为天空和流云，右上角升起一轮红日，左侧和中部的下方描绘波涛浩瀚的大海上矗立三座仙山，[1]左侧云气承托的高台应为瑶池。[2]中上偏右处绘云气中的西王母众（图104），呈老妪形象的西王母坐在中间，身后立举扇、幡与荷叶的四侍者，前方为猿猴献桃和鹿衔灵芝。画面右下方的海面上有三人，分别为立于莲花上的何仙姑，踩在花篮、玉板上的蓝采和、曹国舅。其左侧有一龙形木，船头坐麻姑，旁立一女童，船后有二人和攀在船尾桃树上的一猴子（图105），中下偏右绘立在芭蕉扇上的仙人，背负葫芦的童子，怀抱渔鼓的张果老，吹笛的韩湘子和坐在葫芦上的铁拐李（图106）。中下部绘汉钟离和吕洞宾分别携桃柳妖和童子立在芭蕉叶上。中下偏左绘张口大笑的和合二仙，肩负蟾蜍的刘海，一头顶盛有蟠桃的盘子的童子，白发银须的二老者和分别着绿袍和红袍的二人。画面左侧瑶池台桌案周边为福、

①古代民间认为蓬莱、瀛洲和方丈是三座仙山，山上住着神仙。
②永录乡马家村玉皇庙西耳房后壁绘同题材壁画，墨书题诗内称瑶池中的高台为"群仙台"。

图 101　仓颉庙正殿檐垫板第 6 格吕洞宾

图 102　仓颉庙正殿檐垫板第 9 格蓝采和

图 103　观音堂正殿后壁（局部）（牛晓明提供）

图 104　观音堂正殿后壁西王母众

图 105　观音堂正殿后壁乘木桴诸仙众

图 106　观音堂正殿后壁张果老、韩湘子等众

禄、寿三星和三童子，屏风后可见粗大的松树与数只鹤。余处画面被塑像遮挡，内容不明。两端屏扇各绘一僧人，东侧僧人有络腮胡须，袒露胸腹，赤足，仰面大笑，左手抚头后，右手高扬，上方飞着一红色蝙蝠，脚旁置扎口的布袋。西侧僧人戴斗笠，表情严肃，袒右肩，合掌俯视，脚下置布袋和杖。二僧人一动一静，对比鲜明。

正殿后壁画面表现群仙赴瑶池为王母祝寿的场景。王母乘云而来，诸神则各自采取不同的方式渡海，表情和姿态各异。

正殿两侧壁为仿卷轴式壁画，顶端绘钉与系绳。东壁绘山崖前的一座房舍内二文士对坐饮谈，房前立松，房侧栽梅，房后种竹（图107）。西壁绘山中八人：上方崖顶的茅亭内坐二老者，二童子在桌旁服侍，下方绘石径上的二童子或担卷或背坛前行，二老者挂杖坐在石上休息（图108）。画面中的人物生动自然，布局得当。画面展现了古代文人雅士寄情山林的隐居生活，以老者为描绘主体，呼应后壁祝寿主题。

图107　观音堂正殿东壁

图108　观音堂正殿西壁

两侧壁上方绘影梁，象眼和山花处绘龙和梅、兰、竹、菊等纹样。

东耳房后壁为 10 扇仿围屏式壁画，画面高 265 厘米，通宽 516 厘米。屏心表现《封神演义》中的内容，所绘的山脉、云气、水波等相接，人物则分散于各屏扇内。由左向右第 1 扇可见上书"红沙阵"的旗帜，蓝肤红发的雷震子双手持棒。其下方高台上立左手持剑，右手掐诀的张天君，回身仰首注视雷震子。台阶下方左侧立双手持枪，脚踏风火轮的哪吒。右下绘周武王骑马奔逃，向后张望。画面应描绘张天君摆下红沙阵，雷震子和哪吒保护周武王前来破阵的情节。

第 2 扇绘两名交战者，右上方为牛角长吻、鹰爪虎足的龙须虎，左下方为骑马的邓婵玉，双手持刀迎战（图 109）。下方杨戬跨马挺枪向身材矮小的土行孙刺去。画面底部的山石边露出戟、刀、枪等兵器，暗示此处还有观战的将士。此处应描绘邓婵玉与龙须虎、土行孙与杨戬交战的画面。

第 3 扇被塑像遮挡，详情不明。

第 4 扇上方绘城墙，赤精子双手握着的长条布状物从城墙上飘下，其下端化

图 109　观音堂东耳房后壁第 2 扇（局部）

作一座小桥，太极图幻化的姜娘娘站在桥上，眼望面前持枪骑马的殷洪。下方绘持剑（或鞭）的姜子牙骑坐在神兽背上，向上张望。该扇应描绘赤精子使用太极图杀死殷洪的画面。

第5扇上方和中部绘城墙关隘，下方哪吒抛出乾坤圈，一倒提长枪的大将策马奔逃（图110）。在《封神演义》中，被哪吒用乾坤圈击伤，骑马持枪的人物有青龙关总兵张桂芳、镇守大将邱引和五军救应使高继能，其中张、邱先后担任青龙关守将，推测画面中的城墙代表青龙关。

第6扇中部绘姜子牙站在山梁上向下张望，身后立三名持伞、幡的将士。下方三名将士被冻在山沟内的冰河中，仅露出头部（图111）。该画面应描绘姜子牙冰冻岐山，捉拿三名将领的画面。

第7扇中部矗立殿堂，殿内披甲胄的张凤与姜子牙正在交谈，殿外和院外立侍者与武士。该扇应描绘姜子牙前往临潼关向总兵张凤求情的画面。

第8扇上方绘峡谷和城墙。下方绘两名交战者，右侧的大将骑在马上，手持狼牙棒，另一人大部分被塑像遮挡，但可辨其持枪骑牛。在小说中，骑牛持枪的将官只有黄飞虎一人，推测此处描绘黄飞虎与风林交战的情景。

第9扇上部绘山脉和城墙。下部绘四名将士在城外交战，其中一人举枪乘牛，一人骑马握枪，一道童持剑，一人的头虽已落地，但身体仍坐在马上呈前行状。此画面应描绘黄天化斩陈桐出潼关的情景，头落地者为陈桐，持剑的道童是黄天化，骑牛者为黄飞虎，骑马的战士可能表示黄明、周纪等将士。

第10扇上方绘城墙和山脉，中部绘脚踏风火轮的哪吒甩出乾坤圈砸向骑兽的余化，下方绘囚车木笼中的四人和周围的士兵（图112）。该画面表现哪吒打败余化，救出黄家人的情景，囚车中的人应是黄滚、黄飞虎、黄天爵、黄天祥四人。

后壁以《封神演义》中的内容为题材，除一扇不明，一扇绘姜子牙见张凤外，其余均描绘打斗的情景。画面次序并未按小说内容来排列，排列较为杂乱，主要表现过关破阵的情节。各屏扇均描绘一个完整的情节，且情节之间相对独立，应重点选取民间喜闻乐见的"封神"场景进行描绘，故打斗场面、哪吒和姜子牙反复出现。

图 110　观音堂东耳房后壁第 5 扇

图 111　观音堂东耳房后壁第 6 扇

图 112　观音堂东耳房后壁第 10 扇（局部）

正殿脊枋底墨书清道光三年（1823）创建南殿三间、东西配殿四间的题记。刊刻于咸丰九年（1859）的《创建观音堂碑记》记述了道光年间创建观音殿，左右配殿祭祀高禖和三峻以及咸丰年间补修和彩绘之事。推测壁画应绘制于清咸丰三年（1853），主体建筑应创建于道光年间，但碑记中"三十余年，未及丹青"意味着主尊塑像已具备，直到咸丰年间才"施彩绘"。该庙仅有一座正殿，脊枋底墨书所称的"南殿"与碑记中的"观音殿"应指同一殿，即正殿，主尊应为观世音。若庙中塑观世音像，周围则应绘制相关题材，如救八难等。但该殿后壁却绘制以长寿为主题的王母祝寿图，或许是清代后期民众对殿内的图像组合并没有严格要求，而更关注表达愿望。同时，正殿的图像也蕴含儒、释、道三教合流和三教与民间信仰融合的状况。

31. 马家村玉皇庙[①]

位于永录乡马家村北侧的高台上，现存戏楼、正殿、两耳房和两侧厢房。正殿和两侧耳房内的壁画保存完整，色泽鲜艳，画面生动。

正殿后壁画面为 12 扇仿围屏式，高 286 厘米，宽 778 厘米，相间排列花鸟与文士故事。从左至右第 1 扇绘竹鹤图（图 113），第 2 扇绘采荷图（图 114），第 3 扇绘柳树和燕子，第 4 扇绘鹤归图（图 115），第 5 扇绘迎春花和凤凰、牡丹（图 116），第 6 扇绘赏字图（图 117），第 7 扇绘荷花和鹭鸶，第 8 扇绘赏琴唤茶图（图 118），第 9 扇绘石榴、月季和鸳鸯，第 10 扇绘赏菊图（图 119），第 11 扇绘菊花锦鸡图，第 12 扇绘松鹰图（图 120）。

两侧壁绘制布雨图，画面高 286 厘米，宽 512 厘米，均可分为上、下两段。上段绘制神祇在云际行雨，前为风、雨、雷、电等布雨诸神，后为坐在车上的主神，侍从立于车的前后。下段描绘农夫和商旅。东壁人物朝向后壁呈进入状，表现准备布雨的情景（图 121）。西壁人物朝向殿门呈外出状，描绘正在降雨的画面（图 122）。

东耳房后壁的壁画为仿卷轴式，画面高 276 厘米，宽 650 厘米，共 10 幅。

---

① 该庙内容依据刘伟《高平马家村玉皇庙清代壁画考察》一文改写而成，载于《山西档案》2016 年第 4 期，第 21—23 页。

图 113　玉皇庙正殿后壁第 1 扇

图 114　玉皇庙正殿后壁第 2 扇

图 115　玉皇庙正殿后壁第 4 扇

图 116　玉皇庙正殿后壁第 5 扇（局部）

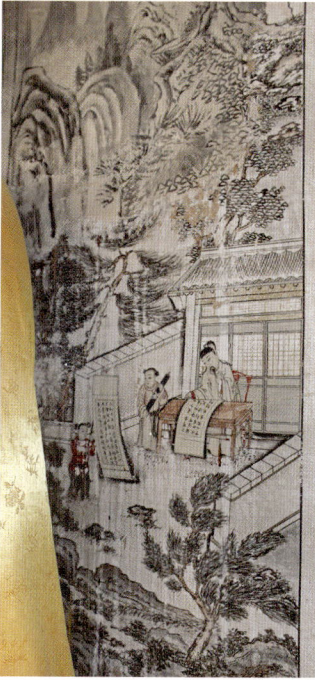

图 117　玉皇庙正殿后壁第 6 扇

图 118　玉皇庙正殿后壁第 8 扇

图 119　玉皇庙正殿后壁第 10 扇

图 120　玉皇庙正殿后壁第 12 扇

图 121　玉皇庙正殿东壁布雨图（牛晓明提供）

图 122　玉皇庙正殿西壁布雨图（牛晓明提供）

卷轴上方绘制钉与系绳，主要表现神仙人物与花鸟。从左至右第 1 幅绘桃树下一口衔桃枝的老人背着一童子。第 2 幅绘高山溪水间，石桥上的书生似正在向一男子问路（图 123）。第 3 幅绘牡丹和两只鸟雀。第 4 幅绘两人立于石桥上（图 124）。第 5、6 幅被塑像遮挡，边角处可见荷花和松树。第 7 幅绘菊花、蝴蝶和黑猫。第 8 幅绘一人坐在龙形木舟上行进在山水间。第 9 幅绘喜鹊和梅花。第 10 幅绘松树下刘海戏蟾（图 125）。

东耳房两侧壁画面以山脉为界分组描绘与关羽相关的故事。东壁表现了六个场景：关羽护嫂、关羽斩将、关羽收周仓、三顾茅庐、周仓捉庞德、三英战吕布（图 126）。西壁亦表现了六个场景：鞭打督邮、古城会、关羽温酒斩华雄、"显圣"助关兴、战黄忠、水淹七军（图 127）。

西耳房后壁画面为仿卷轴式，高 276 厘米，宽 650 厘米，天杆顶部绘钉子和系绳，10 幅卷轴画面相接拼成一个完整的画面。上部绘蓝天白云，下部右侧为波涛汹涌的大海，中部为海岸，左侧耸立瑶台，诸神祇前往瑶台。画面右上方绘西

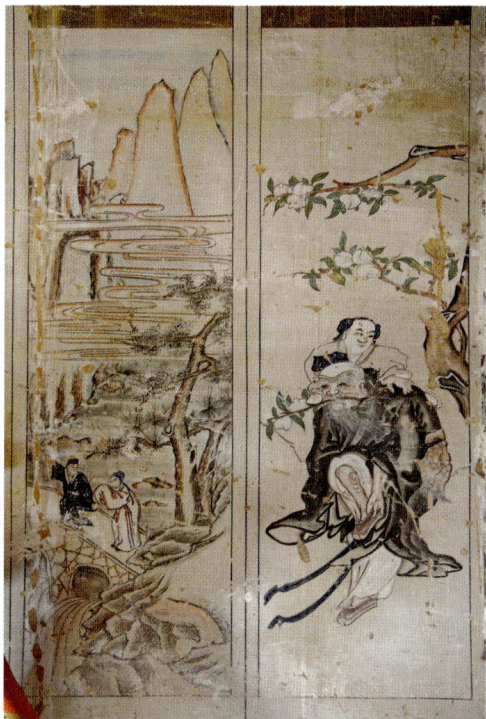

图 123　玉皇庙东耳房后壁第 1、2 幅

图124　玉皇庙东耳房后壁第3、4幅

图125　玉皇庙东耳房后壁第9、10幅

图126　玉皇庙东耳房东壁关羽故事图（牛晓明提供）

图 127　玉皇庙东耳房西壁关羽故事图（牛晓明提供）

王母与三侍者前往瑶台（图 128）。右侧绘麻姑献寿、男子牵羊和海屋添筹等画面（图 129），前方描绘袒露胸腹的刘海和铁拐李，分别骑着口中出云气的蟾蜍和葫芦。上方云端是高额银须、骑着白鹤的南极仙翁，一童子举杖在前方引路。中部海岸上描绘头顶荷叶的三人，中间是一披红色斗篷、骑鹿的女子，鹿后站着一举荷叶的侍从，另一侍从在前方牵鹿。前方的和合二仙袒腹嬉笑，分别抱着如意和元宝。其左侧一人扛着挂有竹篮的锄头，另一人抱着瓶子。瑶台阶下狮子左侧的台阶上蓝采和双手托花篮，回望手持莲蓬的何仙姑，韩湘子背着长笛坐在台阶上，身后一男子拾级而上。瑶台边上站着七人，从右至左依次是抱着渔鼓的张果老、童子、手持云板的曹国舅、负剑的吕洞宾、握着芭蕉扇的汉钟离和两童子（图 130）。瑶台正中摆放着桌椅和背屏，屏心上题诗。桌旁站着抱着如意的天官，一男子戴风帽、笼袖，可能是文曲星君。桌两侧各有一个持羽扇的童子，左侧还有一个托盘的童子。瑶台右侧有两株高大的松树，一株松树上栖息着两只鹤。画面应描绘西王母在瑶池举办蟠桃宴，福禄寿三星、八仙、和合二仙等前来祝寿，一些神祇已经到达，另一些正在赶来的情景。

图 128　玉皇庙西耳房后壁王母娘娘等

图 129　玉皇庙西耳房后壁麻姑献寿等

图130 玉皇庙西耳房后壁瑶台上诸仙

　　西耳房两侧壁绘婴戏图，画面均高303厘米，宽400厘米。表现诸童子在庭院和山间嬉戏（图131、132）。东壁左上方绘五童子夺盆，中上方绘七童子在池塘内采摘荷花，右上方绘四童子破缸救友和二童子爬树捅蜂窝，右侧绘三童子玩"一品当朝"游戏和二童子放风筝，中部绘十童子扮官员出行或状元及第，左侧绘三童子捉迷藏。西壁中上方绘八童子，有的挑盆、抬磬、抱如意、举果盘。右侧绘四童子捉迷藏，中部绘五童子，有的射箭、击鼓、吹号，左侧绘在楼阁的阶、台、廊、门、窗等处嬉戏的二十一个童子。

　　正殿和东西耳房的两侧山墙上方绘影梁，象眼和山花绘植物纹样。实梁和影梁的五架梁上龙、马、篆书等纹样使用沥粉贴金工艺，绘制精美，装饰感强。

　　正殿脊枋底墨书道光十九年（1839）创修正殿九间的题记。西耳房后壁所绘屏风上题诗的落款为"癸卯夏月"，应指道光癸卯年，即道光二十三年（1843），应为绘制该壁画的时间。庙内存刊刻于道光二十六年（1846）的《创修玉皇庙碑记》，碑记载道光十九年建造该庙的原因，创修正殿、角殿九间，次年继修东

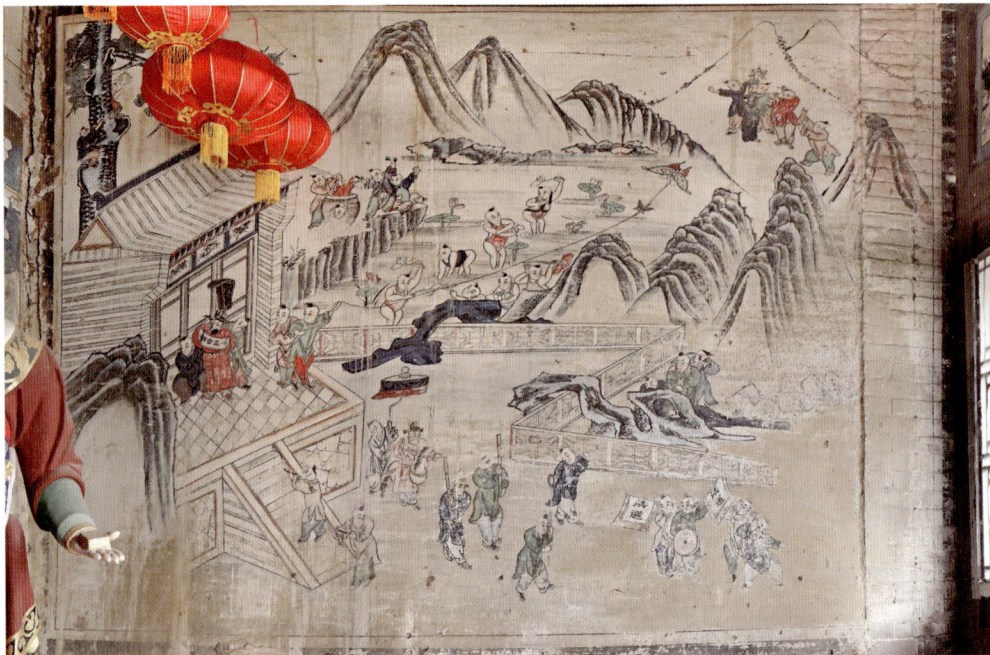

图 131　玉皇庙西耳房东壁婴戏图（牛晓明提供）

图 132　玉皇庙西耳房西壁婴戏图（牛晓明提供）

西禅房十二间，第三年修东丁厂棚四间、山门等事。戏台脊枋底墨书民国二年（1913）创修戏楼三间、西耳楼三间的题记。上述题记和碑记不仅记载了玉皇庙的修建历程，而且还有壁画绘制的确切时间。

32. 底池村关帝庙

位于三甲镇底池村，坐西朝东，现存正殿及两侧耳房。正殿面阔三间，进深四椽，硬山顶，殿内四壁遗存壁画，壁面原涂刷白灰，画面漫漶斑驳。

前壁门两侧各绘一侍者，北侧仅可见下方绘画的痕迹。南侧大部分漫漶，可辨一男子面朝门而立，戴硬脚幞头，两颊生须。

后壁中部画面为仿座屏式，两侧为仿卷轴式。中部画面高162厘米，宽236厘米，屏心处绘七方水墨图像，左上方绘一戴斗笠、披蓑衣的男子，拄杖立在芭蕉树下。左中草书题诗。左下方绘一将军坐在屏风前的虎皮椅上，椅两侧立二将士，前方立一双手举刀的猿猴（图133）。此三人形象接近关羽、关平和周仓，根据猿猴舞刀画面推测该图像或与白猿教刀的故事有关。[1] 中上方绘兰草。中下方无图。右上方草书题诗。右中绘折枝花。右下方草书题诗。

后壁两侧为两组仿卷轴式壁画，画面均高204厘米，宽83厘米，中堂式布局，中间为较宽的绘画，两侧为较窄的对联。左侧组绘桃园结义（图134）。右侧壁面可辨识两层壁画，可见远山、云气、房屋和一些人物，但漫漶残损，加之画面内容杂乱，所绘内容难以判断。

两侧壁画面均高215厘米，宽406厘米，绘制与关羽相关的故事。北壁左上方绘灞桥挑袍，榜题可辨"罢（灞）桥"二字，关羽跨马执刀于桥上，桥下的曹操骑在马上朝关羽拱手，身旁立文武官员。右上方墨书榜题"许田射鹿"，人物众多，描绘曹操、汉献帝等驱虎逐鹿的画面（图135）。右侧墨书榜题"杀卞喜"，绘关羽在镇国寺举剑欲杀卞喜的画面（图136），关羽身后立扛刀牵马的士兵，普净长老立于庙门处。左下方绘"水淹七军"，漫漶严重，现壁面为重绘的关羽坐在船上的图像，余处不明。右下方绘"败走华蓉（容）道"的画面，关羽

---

①民国时已出现京剧"白猿教刀"，又称"走范阳"，讲述关羽在家乡为民除害后，被迫出走，行至范阳，夜宿麻姑庙，梦中白猿大仙向其传授刀法，并获麻姑所赠的三部兵书。

图 133　关帝庙正殿后壁中部猿猴教刀图

图 134　关帝庙正殿后壁左侧桃园结义图

图 135　关帝庙正殿北壁许田射鹿图

图 136　关帝庙正殿北壁杀卞喜图

提刀带领士卒封挡道路，一士卒持上书"华蓉（容）道挡曹操"的旗帜，曹操率将士抱头逃窜。

南壁左上方墨书榜题"荥阳□"，绘在荥阳关胡班火烧馆驿，关羽刀斩王植的画面。中上方墨书可辨"斩秦"二字，绘关羽在黄河渡口斩秦琪的画面。右上方漫漶严重，推测描绘"古城会"的画面。左下方墨书榜题"战庞德"，绘关羽跨马举刀追赶庞德，周围绘持兵器和抬棺材的士兵。中下方为"关羽斩将"。左侧画面漫漶，仅可见关羽以及榜题中的"虎牢关"三字，推测绘制的是"虎牢关三英战吕布"的画面。

壁画所绘的关羽故事应起教化乡民、倡导忠义的作用。两侧壁残存的墨书榜题为正确辨别画面内容提供了重要参照。庙内不见碑刻、题记等，从画面题材和风格推测壁画应绘制于清中期以后。

33. 朱家山村西阁

位于三甲镇朱家山村，朝向东南，单体建筑。殿宇面阔三间，进深三椽，前设檐廊，硬山顶。殿内左、右、后壁遗存壁画，壁面可能曾开裂、剥落，损伤严重，后壁尤甚，现涂抹白灰修补。

后壁画面高 250 厘米，宽 614 厘米，被白灰分作四块，原为仿围屏式，屏扇相连，内容相接。画面曾被烟火熏黑，左侧可辨"灞桥挑袍"的残迹，右侧绘关羽纵马举刀的画面，推测后壁应绘关羽的故事。

两侧壁画面为仿卷轴式，高 248 厘米，宽 72 厘米，顶端绘钉与系绳，左壁现仅可见绘画痕迹，内容不明。右壁绘下山虎，后部屏扇处绘饮酒图，二形似判官者席地而坐，一人将酒杯放在笏板上，左手托笏板向口中倒酒，一人趴在酒坛上睡觉（图 137）。画面形象生动，妙趣横生，头部描绘精细，衣物用笔疏阔，呈现文人画风格。该处与后壁画风明显不同，应不是同一画者绘制。或许画面中的二人分别表示钟馗饮酒和醉酒酣睡的情形。有学者认为钟馗醉酒的说法在宋代已存在，清代出现相关图像。[1] 两侧壁上方绘影梁。

---

① 苑利：《〈钟馗图〉及其文化象征》，《民间文化论坛》2012 年第 3 期，第 27—31 页。

图 137　西阁右壁

庙内现存两通碑，一通为刊刻于乾隆二十八年（1763）的《创修鲁班春秋大王阁》，碑文称该殿为西阁，又称春秋阁，创建于乾隆年间。另一通为刊刻于光绪三年（1877）的《补修关帝阁碑记》，记述修补该阁之事，详细记录了花费，但无"丹青""绘"或"写"等字样。据绘画风格推测该殿壁画在光绪年间补修时绘制的可能性较小，有可能绘制于乾隆年间。

34. 靳家村观音堂

位于三甲镇靳家村东的小山顶上，现存院门、正殿、两耳房和两侧厢房，门窗尽失，残破不堪。

正殿面阔三间，进深四椽，硬山顶。殿内后壁壁面为青砖表面涂刷白灰底，其上遗存壁画，两侧壁为土坯墙体，壁面无涂层。后壁画面为仿围屏式，高258厘米，宽508厘米，共10扇，绘制花鸟与山水题材，相间排列，画面剥蚀漫漶，山水间的人物被刮去（图138）。由左到右第1扇绘山峰、巨石、奇松和塔。第

图 138　观音堂正殿后壁

2 扇上方绘一鸟雀栖息在枝头，下方为花丛。第 3 扇上方绘峰峦叠嶂。第 4 扇上
方绘桃花映红日，下方为凤凰牡丹。第 5 扇似为二人在山间弈棋。第 6 扇上方绘
一鸟停在松枝上，下方为花丛。第 7 扇上方绘山水景物，下方有数人。第 8 扇上
方绘柳树和两只燕子，下方为荷花和鸭。第 9 扇上方绘山石、树木，下方似有两
人。第 10 扇上方可见停在枝头的两只喜鹊，下方绘菊花和三只蝴蝶。

庙内刊刻于清道光十四年（1834）的《补修观音堂增创一切众工序》记述了
道光四年（1824）和十四年两次较大规模的重修，据此推测壁画绘制于道光年间。

35. 东窑头村诸神庙

位于陈区镇东窑头村，依地势修建，残破不堪，现存正殿、两耳房等。

西耳房后壁遗存壁画，为仿卷轴式，共三幅。中间画面残高 224 厘米，宽
115 厘米，绘先生坐在屏风前看书，五名学生立于先生前面（图 139）。两侧均为
花鸟图，残高 224 厘米，宽 73 厘米。左侧漫漶，可见两只喜鹊停在枯枝上，相

图 139　诸神庙西耳房后壁中间

图 140　山神堂后壁人物

向和鸣。右侧绘一锦鸡立在牡丹花上，花叶摇曳，动感很强。

脊枋底墨书清乾隆十九年（1754）创修殿堂三间的题记，壁画可能绘于此时。

36. 关家村山神堂和土地庙

山神堂位于陈区镇关家村，现存正殿，面阔三间，进深四椽，前设檐廊，硬山顶，屋顶残破，殿内堆放杂物，门窗俱失。殿内后壁和两侧壁遗存壁画，内容多被白灰遮盖。

后壁画面为仿围屏式，高 358 厘米，宽 678 厘米，共 12 扇。画面可见殿、桥、亭、塔等建筑和一些人物。屏扇中出现了四处戴小冠，着圆领长袍的年轻男子，其身后均立二持扇的侍从（图 140）。推测后壁描绘的是一人身处不同场景的画面，不排除佛传故事的可能。

两侧壁画面均为仿卷轴式，高 327 厘米，宽 105 厘米，内容漫漶不明。两侧山墙上方绘精美的影梁，山花和象眼内绘松、梅、竹、菊、兰等图像，梁架上绘精美的纹样，五架梁中部的龙纹使用沥粉贴金工艺（图 141）。

门上方檐垫板里面残存三格图像（图 142）。右格图像漫漶不清。中格内绘二僧人正在交谈，一人持扫帚，一人腰围兽皮，此二僧应为寒山、拾得。[1] 左侧格内亦绘一僧人，其相貌、装束与中格二僧相似，左手托钵，右手指向中格内二者。两格均以菊花、栏杆作为背景，表示处于同一场景，推测左格内僧人可能为封干。[2]

殿内脊枋底墨书乾隆二十九年（1764）的题记，可知该殿创建于清乾隆年间，檐垫板上的僧人图像可能绘于此时，该图像用墨色晕染出明暗以表现立体感的方

---

[1] "一日扫地。寺主问：'汝名拾得，因丰干拾得汝归，汝毕竟姓个甚么。'拾得放下扫帚，叉手而立。主再问，拾得拈扫帚扫地而去。寒山捶胸曰：'苍天，苍天。'拾得曰：'作甚么。'山曰：'不见道东家人死，西家人助哀。'二人作舞，笑哭而出国清寺。"（宋）普济：《五灯会元》第二卷《天台山拾得子》，见《卍续藏经》第八十册，第 67 页。

[2] "释封干师者，本居天台山国清寺也。剪发齐眉，布裘拥质，身量可七尺余……先是国清寺僧厨中有二苦行曰寒山子，曰拾得。多于僧厨执爨，爨讫，二人晤语，潜听者多不体解。亦甚颠狂，纠合相亲，盖同类相求耳。"（宋）赞宁：《宋高僧传》第十九卷《唐天台山封干师传》，见《大正藏》第五十册，第 831 页。

图 141　山神堂侧壁上方影梁

图 142　山神堂檐垫板里面图像

图 143　赵家诸神庙正殿后壁字谜图

法或许受到宫廷画风影响。

该殿东邻为土地庙，仅有一殿，面阔三间，进深四椽，硬山顶。

殿内两侧壁遗存壁画，均为仿卷轴式，绘制人物图像，漫漶严重。东壁中部可辨二人骑马前行。西壁上部为山坡，中部绘三人：左侧为骑马的男子，手持书卷，身后立一持盖的侍者，右侧为背负卷轴的骑马女子。下部可见二鬼卒，袒身赤足，腰围树叶，扛悬挂锣的旗杆。

殿内脊枋底可辨嘉庆四年（1799）的墨书题记，壁画可能绘于此时。

37. 关家村赵家诸神庙

位于陈区镇关家村，现存正殿、西耳房和西厢房。正殿面阔三间，进深四椽，前设檐廊，硬山顶。殿内后壁和两侧壁遗存壁画，画面剥蚀漫漶严重，下部残缺。

后壁画面为仿围屏式，残高 260 厘米，宽 675 厘米，共 10 扇，绘制"开光"式图像。开光形状有葫芦形、扇面形、树叶形、圆形等，其内多绘植物纹样或题

图 144　观音庙正殿后壁

诗、谜语等（图 143）。

　　两侧壁画面为仿中堂式卷轴，高 320 厘米，宽 167 厘米，中部为绘画，两侧为对联。东壁设门，将壁面打破，可见壁面绘云中龙，上方流云间圆形内书"日"字。西壁绘下山虎，上方圆形内书"月"字。画面以墨色为主，辅助以蓝、黄等色。

　　庙内无反映该殿创修的题记，从建筑形制和绘画风格推测该殿壁画绘制于清中晚期。

38. 东韩村观音庙

　　位于北诗镇东韩村，现存正殿、院门、两耳房和两侧厢房。正殿保存较好，面阔三间，进深四椽，前设檐廊，悬山顶。两侧厢房和院门仅余墙体。

　　正殿后壁中部遗存壁画，画面高 250 厘米，宽 292 厘米，为仿围屏式，共 4 扇，绘花鸟图像（图 144）。由左至右第 1 扇上方绘迎春花和两只寿带鸟，下方绘牡丹和锦鸡。第 2 扇上方绘两只鸟雀栖息在枝头，下方绘菊花和两只奔跑的兔子，左上角题"一染杏花红十里，状元归去马如飞"。第3扇绘梅花和三只喜鹊，右上角题"去马如飞酒力微，醒时已暮赏花归。拙笔"。第4扇上方绘两只鸟雀和柳枝，下方绘荷花和两只鹭鸶。

第2、3屏扇画面题诗虽取自不同的诗文，[①]却都使用"去马如飞"一词，读起来朗朗上口。画面文字飘逸，推测画者应为文人或读书人。

殿内脊枋底墨书清嘉庆七年（1802）重修时上梁的题记，画面不见修改和补绘的痕迹，推测壁画应绘于嘉庆年间。题记阐明重修此殿是祈望"阖村清泰、万世亨通、地灵人杰、永远不朽"。

39. 丹水村二仙庙

位于北诗镇丹水村东的山巅。正殿为古代遗构，面阔三间，进深六椽，前设檐廊，悬山顶。正殿门窗上方的檐垫板两面均遗存图像，两侧窗上各设两格，画面均高57厘米，宽56厘米。

檐垫板里面格内均为黑框白底，以墨线勾画人物（图145）。由左至右第1格绘一老者携二童子，均怀抱梅枝。第2格绘一文士携二童子，均双手托内置山石的圆盘（图146）。第3格绘二女子，一女子双手托花篮，一女子采花，背负飘出云气的葫芦。第4格绘二女子行于石径上，年轻女子右手拈花，老妪弯腰拄杖（图147）。第5格绘树下的二女子，一女子执花，一女子欲提花篮。第6格绘二持花枝女子，其中一女子提花篮，一女子背负向外飘出云气的大葫芦（图148）。第7格绘一老者倚靠松树，一童子蹲在地上手执花枝。第8格绘一老者望着身旁的鹤，后随一挂棍的童子（图149）。

檐垫板里面中间4格共描绘八身女子，一人为老妪形象，其余七身年轻女子着装各异，姿态不同，其中两女子背负从中飘出云气的大葫芦，云气通常与仙界相关，推测七身年轻女子为七仙女。[②]两侧4格为高士图，绘制四文士各携童子，

---

① 两处屏扇上的题诗的出处分别为苏轼的《送蜀人张师厚赴殿试二首》和秦少游的回文诗，内容略有改动。

② （明）吴承恩著《西游记》中描述王母娘娘设宴，让七衣仙女各顶花篮，去蟠桃园摘桃建会。

图 145　二仙庙正殿檐垫板里面

图 146　二仙庙正殿檐垫板里面第 1、2 格

图 147 二仙庙正殿檐垫板里面第 3、4 格

图 148 二仙庙正殿檐垫板里面第 5、6 格

图 149　二仙庙正殿檐垫板里面第 7、8 格

分别与梅、石、菊、鹤组合，表现古代文人雅趣，推测 4 格画面分别为孟浩然折梅、米芾赏石、陶渊明采菊、林逋观鹤。

　　檐垫板外面 4 格绘人物图像，蓝底，以赭色线条勾勒，主体颜色为黄色。每格内均为两人，形象与装束相同，一男子虬须环眼，戴笠，着戎装，另一人为高额披发的侍从。由左至右第 1 格绘男子弯腰注视手中的圆形物，侍从扛钩携兽。第 2 格绘男子坐在一兽背上，侍从持旗（图 150）。第 3 格绘男子执火焰珠立于鹿前，侍从扛旗。第 4 格绘男子左手扶一物于膝头，右手托火焰珠，坐于狮旁，侍从举旗（图 151）。此 4 格内男子应为同一神祇，尊格不明。每格配置不同动物，或许表示此男子所降伏的四兽。

　　两侧窗上 4 格绘博古纹样，左窗左格内绘鼎、瓶、佛手、书、孔雀尾、牡丹等物。右格内绘书、笔、串珠、荷花等物，书上题"大清光绪捌年岁次"，掀起的书页边缘可辨"七分书"等字样（图 152）。右窗左格内主要绘笔、香炉、书、菊花等物品及上书"元德隆、壹拾仟文、光绪捌年"字样的银票。右格内绘瓶、盆景、如意、寿星、梅花、柿子、书等物（图 153）。4 格内的花卉分别为牡丹、

图 150　二仙庙正殿檐垫板外面门上第 1、2 格

图 151　二仙庙正殿檐垫板外面门上第 3、4 格

图 152　二仙庙正殿檐垫板外面左窗上博古图

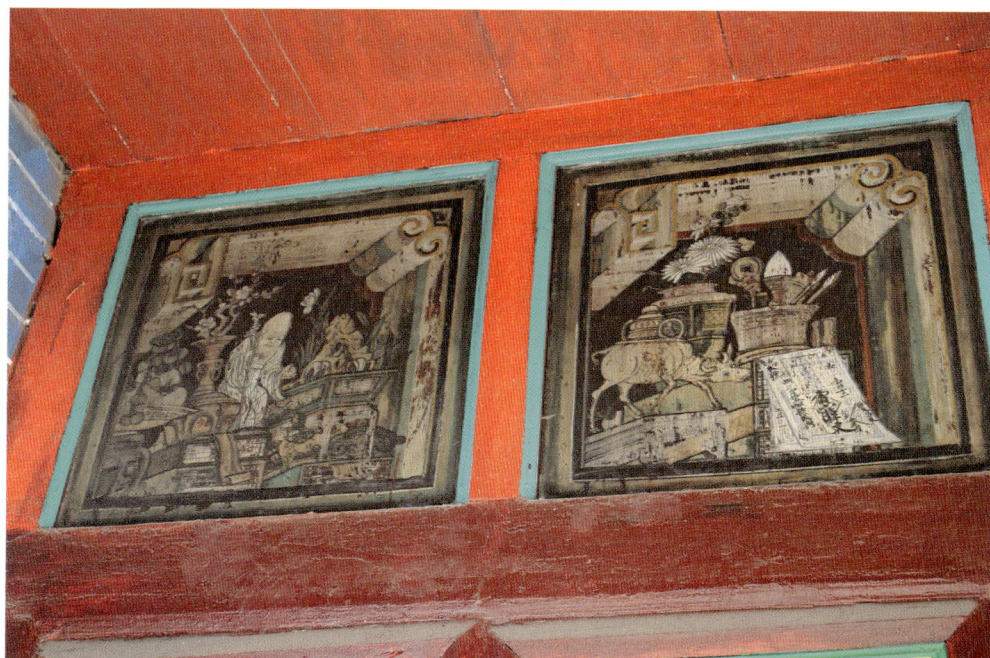

图 153　二仙庙正殿檐垫板外面右窗上博古图

荷花、菊花、梅花。通常认为博古图源于北宋时期的《宣和博古图》，^①该庙的博古图每格表现一组器物，诸物品通常具有祥瑞的含义，笔、书等代表文化和智慧，银票代表财富，鼎、香炉、串珠等应象征信仰，如意、寿星等表示福寿如意之愿望，所谓"图必有意，意必吉祥"。

殿内梁架上精美的纹样使用了沥粉贴金工艺。三架梁和七架梁梁心描绘戏珠的云龙，七架梁梁心两端饰龙头纹，五架梁梁心绘制一展翅的凤凰、数只蝴蝶、散落的折枝牡丹。三架梁和五架梁两侧箍头绘装饰花卉，七架梁两侧箍头处绘花卉，两端饰如意头。

院门口刊刻于清光绪八年（1882）的《重修兼彩画凤山真泽行宫碑》记载了该庙创建和维护的历程，结合博古图上的"光绪捌年"字样，可明确该庙彩绘完成于清光绪八年。

40. 龙尾村关帝庙

位于北诗镇龙尾村，坐西朝东，单体建筑，面阔三间，进深四椽，硬山顶。原设前檐廊，现砌前墙封堵。殿宇建造在拱形门洞上，下方为道路，拱洞上有刻"范金阁"三字的青石匾额。

殿内后壁遗存壁画，漫漶较严重。后壁画面高290厘米，宽634厘米，中部为仿围屏式，共4扇，黄底棕线，装饰感强。左侧第1扇绘山水间小桥上有一形如精怪者，桥头一人拱手而立（图154）。第2扇绘二男子坐于庭院内对饮，身后立一童子。第3、4扇漫漶难辨。后壁两侧画面漫漶剥蚀严重，可辨戴幞头者、戴通天冠者、执笏板者、一女子及一些举扇、金瓜等执仪仗者。左上角榜题框内可辨"道光弌年九月"字样。

脊枋底墨书清道光元年（1821）重修西殿的题记，结合后壁榜题可知该庙于道光元年重修，次年绘制壁画。

①"及大观初乃仿公麟之考古，作宣和殿博古图……其时未有宣和年号，而曰'宣和博古图'者，盖徽宗禁中有宣和殿，以藏古器书画。"（清）纪昀等编《钦定四库全书·子部九》，乾隆四十六年（1781）刻本，第2页。

124

图 154 关帝庙后壁左侧第 1 扇

41. 东靳寨村东庙 [1]

位于石末乡东靳寨村，现存山门、正殿、两耳楼和两侧厢房。正殿和西厢房内遗存壁画。

正殿面阔三间，进深四椽，前设檐廊，悬山顶，殿内后壁和两侧壁遗存壁画。后壁下部遗三处方形束腰式造像基座的痕迹，上方画面为仿围屏式，高 305 厘米，宽 766 厘米，共 12 扇，各屏扇相连，内容相接，以细墨线隔开，绘花鸟图像（图 155）。画面内容可分左、中、右三段，左段绘一鸟雀停在枝头，树下有四只鸳鸯，两只在水面游荡，两只立在岸边。中段绘一鹤立在崖壁旁的松树上。右段绘两只凤凰立在梧桐树下的牡丹丛中（图 156），两只鸟雀在枝叶间飞舞。壁面右端墨书"时大清三世雍正岁在乙卯（十三年,1735）暑月朔六日之志，龙尾杜钦拙写"。

两侧壁画面均为仿围屏式（图 157、158），高 278 厘米，宽 434 厘米。东壁由

---

① 该庙壁画内容依据刘伟《高平石末乡东靳寨村炎帝庙清代壁画考察》一文改写而成，载于《山西档案》2016 年第 3 期，第 23—25 页。

图 155　东庙正殿后壁

图 156　东庙正殿后壁右段凤凰牡丹图

图 157　东庙正殿东壁

图 158　东庙正殿西壁

内至外第 1 扇绘云中龙。第 2 扇绘两只鸟雀停在树枝上。第 3 扇绘院落中一帝王坐在屏风前，身后立一持伞盖的侍者，左侧立一侍女，帝王右前方坐一抱笏的大臣，三女子似乎在做游戏（图 159），院门外还有分别捧盘、盒的二侍女，一牵马的护卫，分别提杖和扛扇的二侍者。第 4 扇绘崖间生长的两丛兰草。第 5 扇上方绘二农夫行走在山间。第 6 扇绘怪石花丛和一鹳鸟。第 7 扇仅可辨被雪覆盖的山峰。西壁由内至外第 1 扇绘下山虎。第 2 扇可辨两只锦鸡栖息在树枝上。第 3 扇绘一群人跪拦一队将士。第 4 扇仅见数枝墨竹。第 5 扇绘山林和房舍。第 6 扇绘两只鸟雀与荷花（图 160）。第 7 扇中部仅可辨一人席地而坐。

殿门上方的 6 格由东至西依次绘制花卉、竹梢、梅枝、竹枝、残荷、松枝，松枝旁墨书"大清雍正十三年"字样。后壁顶拱眼壁内绘云龙，两侧山墙上方绘影梁，象眼和山花处绘花卉纹样，影梁和梁枋上精美的纹样使用了沥粉贴金工艺。

西厢房面阔六间，分为南、北两殿，进深四椽，前设檐廊，悬山顶，北殿后壁遗存壁画。后壁下部存三处方形基座的痕迹，上方壁画为仿围屏式，高243 厘米，宽 853 厘米，共 12 扇（图 161）。各屏扇描绘开光式图像，但底部不完整，且漫漶严重。由左至右第 1 扇上图开光呈柿蒂形，内题诗。下图为方形开光，内绘鸟雀落于柿树，树下立长尾禽鸟（图 162）。第 2 扇上图开光呈方形，内绘二人行走在山水间的桥上。下图开光呈扇形，内绘松枝。第 3 扇上图开光呈长方形，内绘树下两人骑驴，一人扛梅枝（图 163）。下左图开光呈树叶形，内绘松枝。下右图开光呈方形，内题诗。第 4 扇上图开光呈方形，内绘鸟雀落在玉兰枝头和牡丹上。下图开光呈树叶形，内题诗。第 5 扇上图开光呈扇形，内题诗。下图开光呈方形，内绘四文士在竹林旁的桌边围坐，一童子举扫帚，一男子携童子前来（图 164）。第 6 扇开光均呈方形，上图绘一男子坐在崖边垂钓（图165），左下图绘墨竹，右下图绘梅枝。第 7 扇上图开光呈树叶形，内绘一人坐于茅屋的窗边。中图开光呈方形，内绘花卉。下图开光呈圆形，内绘松枝。第 8 扇绘三文士围坐在山水间庭院的石桌旁饮茶弹琴，一童子抱卷轴由院内走出，下方桥上有二文士携挑担和抱琴的二童子，画面左上落款（图 166）。第 9 扇上图开

图 159　东庙正殿东壁第 3 扇（局部）

图 160　东庙正殿西壁第 6 扇鸟雀荷花图

图 161　东庙西厢房北殿后壁（局部）

图 162　东庙西厢房北殿后壁第 1 扇下图

图 163　东庙西厢房北殿后壁第 3 扇上图

图 164　东庙西厢房北殿后壁第 5 扇下图（局部）

图 165　东庙西厢房北殿第 6 扇上图

图 166　东庙西厢房北殿后壁第 8 扇

图 167　东庙西厢房北殿后壁第 10 扇上图

光呈扇形，内题诗。下图开光呈方形，内绘三只喜鹊落在梅枝上。第 10 扇上图开光呈方形，内绘和合二仙席地而坐，其中一人托钵，钵内飞出两只蝙蝠（图 167）。下图开光呈扇形，内题诗。第 11 扇上图开光呈方形，壁面残缺，仅存牡丹和石块。下图开光呈方形，内绘兰花。第 12 扇上图开光呈葵花形，内题诗。下图开光呈方形，内绘一担柴的樵夫和一扛锄的农夫在山间行走。

该庙大殿壁画绘制时间明确，完成于清雍正十三年（1735）。大殿内的壁画构思精妙，技法纯熟，画面生动写实，留存了画工的姓名等资料，可惜画面褪色，色泽浅淡。

42. 西靳寨村书房院

位于石末乡西靳寨村内，现存正殿、院门、两耳楼和两侧厢房。

正殿面阔五间，进深四椽，前设檐廊，悬山顶。门窗上方檐垫板里面遗存图像，分上、下两层，上层 10 格，下层 15 格，通高约 160 厘米，宽 1178 厘米，各格均为黑框、白底，内绘画、题诗。

　　西梢间的檐垫板上层题诗词，下层绘花卉，左格绘牡丹，中格绘荷花，右格可能为月季（图168）。西次间檐垫板上层两格内容漫漶不可见，下层题诗词（图169）。明间檐垫板上层题诗词，下层绘山水人物，左格绘一男子坐在山中茅屋内，落款"时在乙卯，云石山人"。中格绘一童子举伞走在山路上，右格可辨若干人走在山路上（图170）。东次间檐垫板上层绘人物，下层题诗词。上层左格可辨松树下的若干人，右格内绘一文士拄杖前行，后随一童子。下层中格内诗后的落款为"张玉学写"（图171）。东梢间檐垫板上层题诗词，下层绘花卉，左格绘菊花、怪石，中格绘月季花，右格图像漫漶不明（图172）。

　　两侧山墙上方绘影梁，三架梁梁心绘凤纹，五架梁梁心绘龙纹。山花内绘兰、菊、梅等植物纹样，象眼内绘松和兰。

　　院内无反映该殿创修的相关题记，从建筑特征和图像样式推测檐垫板上的图像可能绘制于清中晚期。

图168　书房院正殿西梢间檐垫板图像

图 169　书房院正殿西次间檐垫板图像

图 170　书房院正殿明间檐垫板图像

图 171　书房院正殿东次间檐垫板图像

图 172　书房院正殿东梢间檐垫板图像

43. 后山沟村关帝庙

位于野川镇后山沟村，现存正殿、院门、两耳楼和两侧厢房，院门对面残存戏楼遗迹，仅余下方过道和券门、石柱、两侧配房墙体等。

正殿面阔三间，进深四椽，前设檐廊，悬山顶。殿内设基坛，坛上正中存关帝塑像，高 130 厘米，遍体鎏金，戴冕冠，着圆领宽袖长袍，脚穿虎头靴，双手捧笏，倚坐于方座上。

殿内后壁和两侧壁遗存壁画。后壁正中画面为仿座屏式，残高 187 厘米，宽 234 厘米，绘一麒麟脚踏如意，回首望日（图 173）。后壁两侧画面均为仿围屏式，各 4 扇，残高 187 厘米，宽 234 厘米，两扇位于后壁，两扇折向两侧壁后缘，4 扇相接，内容相连，左侧扇绘云中龙，右侧扇绘下山虎。

两侧壁画面绘制与关羽相关的故事，均高 300 厘米，宽 249 厘米，壁面中部曾开挖门洞，现封堵，画面下部遭破坏（图 174、175）。东壁左上方绘关羽在荥阳关夜读《春秋》（图 176）。中上方为"许田射鹿"的场面，右上方绘关羽在古城前斩蔡阳。左下方绘桃园结义，刘备、关羽、张飞立于庭院内的树下，面前桌子上摆放供品。中下方绘"虎牢关三英战吕布"，画面有残缺，关羽骑马举刀，刘备与吕布仅可见头、肩部分。右下方绘"灞桥挑袍"，关羽于桥上举刀挑袍，身旁立一持旗的士兵，可辨桥下的曹操与官员或拱手或托盘。西壁左上方绘"三顾茅庐"，刘、关、张三人立于院门外，一仆童在打扫院地，诸葛亮在屋内。右上方绘关羽在玉泉山"显圣"，普净长老合掌立于庙外，身旁小沙弥手捧香炉，关羽等三人位于上方云际。左下方绘汜水关外关羽杀卞喜，画面漫漶，可见关羽抓住卞喜，举剑欲砍。右下方绘"水淹七军"，壁面残缺，可见关羽坐在船头，船上立"帅"字旗，旁边立弯弓的将士。中上和中下方绘关羽斩将，应属过五关斩六将的内容。

前壁门西侧遗存道光十八年（1838）的《重妆神像之记》墨书榜题（图 177），可见金妆塑像的费用和施主姓名等信息。东侧题写"嘉庆九年（1804）九月初九日。关帝庙井泉一所。施主乔天润敬"。庙内刊刻于道光三十年（1850）的《创修禅房看楼碑记》记述了创建禅房和看楼及重妆、彩绘的经过。据此推测该庙正

图 173　关帝庙正殿后壁中部

图 174　关帝庙正殿东壁

图 175　关帝庙正殿西壁

图 176　关帝庙正殿东壁关羽夜读《春秋》图

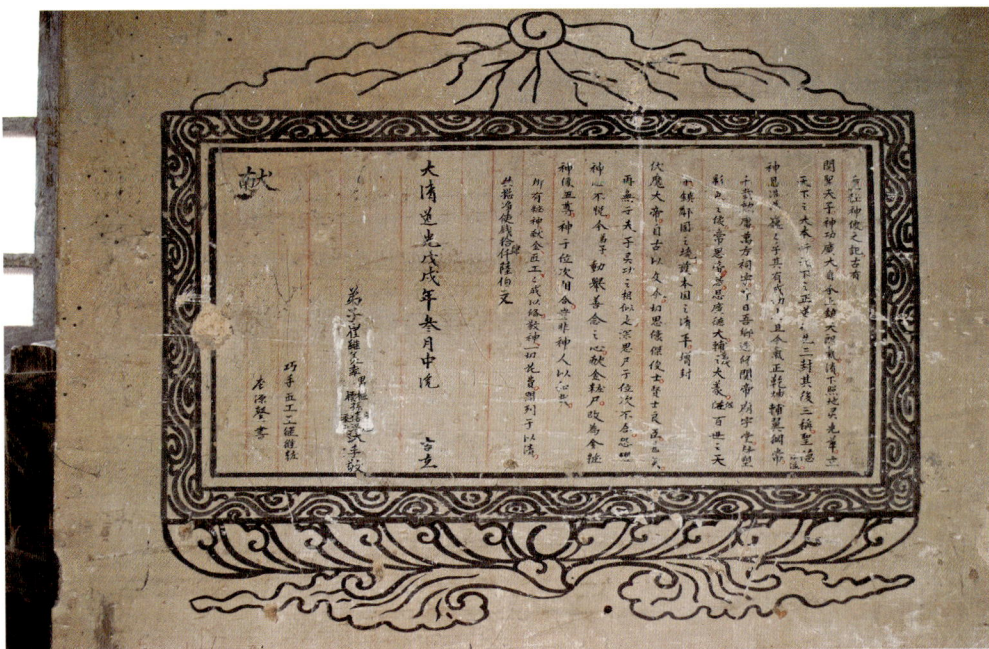

图 177　关帝庙正殿前壁西侧榜题

殿创建于嘉庆九年之前，道光十八年金妆塑像，道光三十年创建两侧禅房和看楼等建筑。榜题和碑记显示壁画应绘制于嘉庆九年至道光三十年期间，道光十八年的可能性较大。

44. 山头村观音庙和关帝庙

位于野川镇山头村西南的山梁上，坐南朝北。西院为观音庙，现存正殿、院门、两耳房和两侧厢房。东院为关帝庙，现存正殿和院门。观音庙正殿、两耳房和关帝庙正殿内遗存壁画。

观音庙正殿面阔三间，进深四椽，前设檐廊，悬山顶。殿内两侧壁遗存壁画，画面均高约230厘米，宽290厘米，墙面涂刷白灰将壁画遮盖，所绘内容不明，依稀可辨为仿围屏式，每壁6扇，共12扇。两侧山墙上部绘影梁，象眼处绘水波托日，山花处为植物纹样。

两耳房后壁遗存壁画，均为仿座屏式，画面高200厘米，宽240厘米，漫漶开裂。东耳房后壁墨绘麒麟（图178），配以红、绿等色。西耳房后壁墨绘一龙

图 178　观音庙东耳房后壁

图 179　观音庙西耳房后壁

图 180　关帝庙正殿后壁第 10 扇

图 181　关帝庙正殿后壁第 12 扇

腾跃在水波之上（图 179）。后部基坛上残存两身塑像的腿脚，应为一男一女的造像。

正殿脊枋底墨书清乾隆年间创修观音堂三间的题记，据此推测壁画可能绘制于乾隆年间。

关帝庙正殿面阔三间，进深四椽，前设檐廊，硬山顶。殿内后壁和两侧壁遗存壁画，画面漫漶剥蚀严重，底部均已不可见。

后壁画面为仿围屏式，残高 230 厘米，宽 539 厘米，共 12 扇，表现人物在山间活动的场景。由左至右第 1 扇绘一着红袍的人和一童子立在庭院中。第 2 扇上方绘松石和两人。第 3—6 扇画面残损难辨。第 7 扇可辨一腰围兽皮短裙的女子，后随一老妪。第 8 扇残缺难辨。第 9 扇绘一男子立于云际，下方立一着红衣的人。第 10 扇绘一持荷花的女子，回首望向其后腰围树叶的女子（图 180）。第 11 扇上方绘一男子立于云际，与汉钟离的形象类似，下方为一披发者举头仰视。第 12 扇绘一怀抱梅枝的女子回首注视身后蹲着的狮子（图 181）。该壁画面漫漶严重，缺乏细节，所绘内容不明，推测为仙道题材。

图 182　关帝庙正殿东壁左上方玉泉山关羽"显圣"图

图 183　关帝庙正殿西壁右上方斩蔡阳图

两侧壁绘制关羽故事，画面均残高 230 厘米，宽 304 厘米。东壁左上方绘玉泉山关羽"显圣"的画面（图 182），右上方绘关羽斩将，左下方绘灞桥挑袍，右下方绘水淹七军。西壁右上方绘关羽在古城外斩蔡阳的画面（图 183）。左上方和中部均绘关羽过五关斩六将的画面。两侧山墙上方绘影梁，象眼处绘松树，山花处绘花卉纹样。

脊枋底墨书道光十五年（1835）创修南殿三间的题记，该殿壁画无补绘的痕迹，应绘制于此时。由两院正殿脊枋底的墨书题记可知，观音庙建于乾隆年间，关帝庙建于道光年间。

45. 沟底村古佛堂

位于野川镇沟底村，现存大门、戏楼、正殿、两侧耳房和两侧厢房，院内荒草丛生，两侧厢房和西耳房破败。正殿和东侧的两个耳房内遗存壁画，戏楼内的屏风上保存图像。

正殿面阔三间，进深四椽，硬山顶。殿内后壁与两侧壁遗存壁画。后壁画面高 248 厘米，宽 468 厘米，可分左、中、右三段。正中绘头光与身光，左、右段均绘头光与瘦石、修竹、云气，右段还绘一白色鹦鹉，左段绘一插柳枝的净瓶。基坛上的塑像仅余轮廓痕迹，推测该殿原主尊为水月观音，两侧胁侍为善财、龙女。

东、西两侧壁画面对应表现，均高 253 厘米，宽 349 厘米，所绘内容均可分作上、中、下三层（图 184、185）。每壁上层表现六身菩萨，中层为九身罗汉，下层绘地狱五王，两壁为十二菩萨、十八罗汉和地狱十王的组合，隐含"三界"之意。两侧壁上层的十二菩萨面貌相同，姿态接近，均手持圆形物，结跏趺坐在云气中的莲座上，东壁六身菩萨手中圆形物中分别书写子、寅、辰、午、申、戌字样（图 186），西壁六身菩萨手中圆形物中分别书写丑、卯、巳、未、酉、亥字样（图 187），由所持文字可知诸菩萨为十二辰相菩萨。十八罗汉均附头光，呈坐姿，相貌和姿态各异。地狱十王均戴通天冠，着宽袖长袍，持笏，倚坐，相貌和姿态各不相同，十二身持卷册的判官或持兵器的鬼卒与十王相间配置。

图 184　古佛堂正殿东壁

图 185　古佛堂正殿西壁

图 186　古佛堂正殿东壁菩萨线描图

图 187　古佛堂正殿西壁菩萨线描图

前壁门两侧残存多方墨书榜题，较完整的两方题写于门与两侧窗之间。东侧书写于乾隆三十四年（1769），记录了天地会会首的名号、十字形押记和当时天地会在晋东南山区的活动（图188）。该题记下方还有乾隆二十二年（1757）的记事。西侧为书写于道光十七年（1837）合社公议之事。以上记事表明清乾隆、道光年间，该庙应曾作为公共场所，乡民不仅在此举办祭祀活动，还在此签订乡规民约，并将约定题写于壁面。

东侧第1个耳房东壁、西壁、后壁遗存壁画，曾刷白灰，漫漶，两侧壁尤甚。后壁画面高207厘米，宽154厘米，绘麒麟回首望日。两侧壁画面高186厘米，宽252厘米，对称表现（图189、190）。东壁绘耳上生毛、袒上身的二鬼卒，后为骑马前行的帝王，最后为举笔、展卷册的判官。西壁前方绘一戴无脚幞头、着宽袖长袍的男子，右手持钩状物前行。其后为一戴通天冠、着广袖长袍的帝王，双手捧笏，骑马前行，其后随一双手举伞盖的侍从。最后为长络腮胡须的判官手握卷册，跨步前行。推测两侧壁描绘冥界神祇，持钩者可能为无常，骑马者应为阎王。

东侧第2个耳房东壁、西壁、后壁遗存壁画，其中西壁画面直接绘在刷白灰的砖墙表面。后壁画面高183厘米，宽168厘米，为仿围屏式，共4扇，下方屏座绘龙纹，上方屏心表现四季花鸟，各图上方题写诗句[①]（图191）。由左至右第1扇绘凤凰口衔灵芝和石后的牡丹，上方题"春入鸟□言青□"。第2扇绘荷花、水塘、鹭鸶，上方题"夏天荷叶满池中，金鸡山□"。第3扇绘菊花、瘦石，一凤鸟立于石上，一凤鸟在空中飞翔，上方题"秋风丹桂香千里，丹未古人"。第4扇绘两只喜鹊立于梅枝和下方的灵芝，上方题"冬雪寒梅伴老□，高邑"。该壁4扇屏心表现四季花鸟，上方题诗，每屏一句，藏头"春、夏、秋、冬"四字，体现当时民间以四季为序绘制花鸟题材的喜好。

两侧壁画面为仿横卷式，高83厘米，宽160厘米，两端绘钉与系绳。东壁绘铁拐李躺在石上，西壁绘吕洞宾坐在松下石旁。

正殿和东侧两个耳房的两侧山墙上方绘影梁，象眼和山花处绘植物纹样。西耳房侧壁被白灰遮盖，灰层下显露图像，内容不详。

---

① 该诗句应出自宋云门和尚的《颂四季》，内容略有改动。

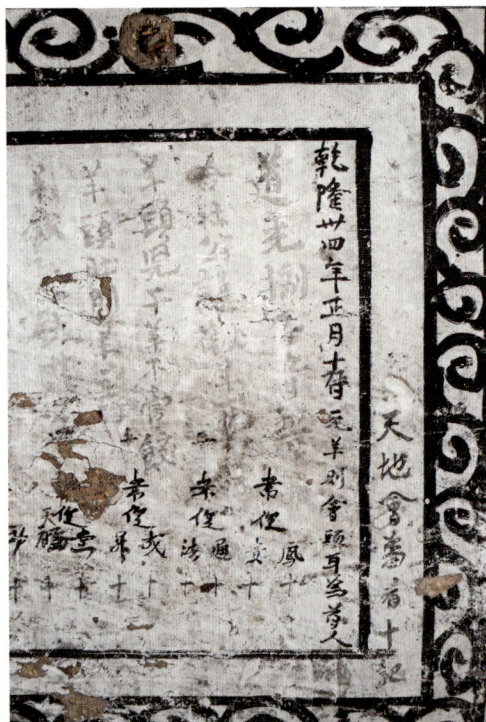

图 188　古佛堂正殿前壁东侧天地会榜题（局部）

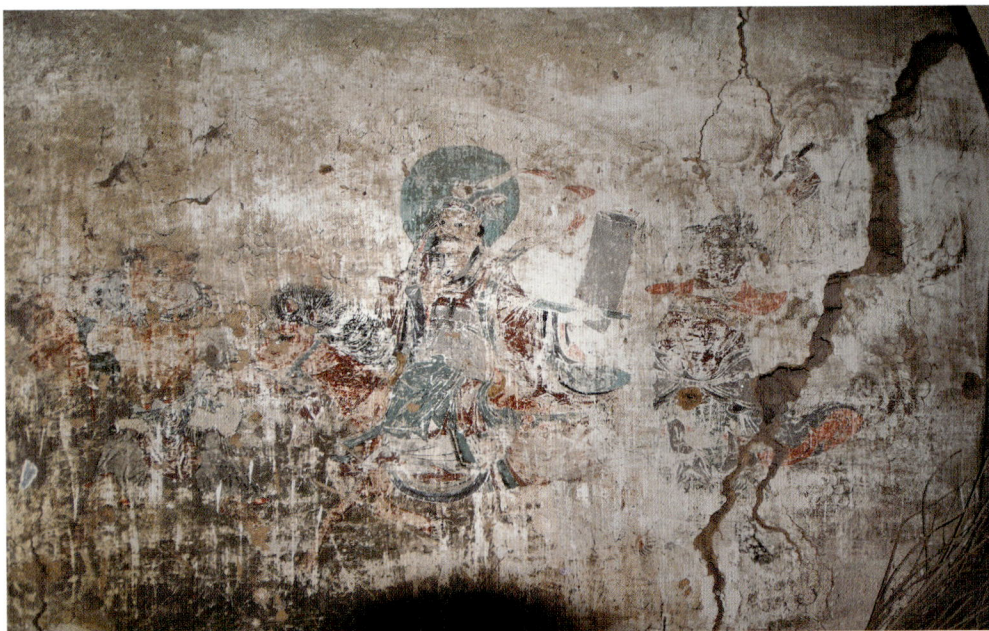

图 189　古佛堂东侧第 1 个耳房东壁（局部）

图 190　古佛堂东侧第 1 个耳房西壁

图 191　古佛堂东侧第 2 个耳房后壁

图 192　古佛堂戏楼屏风第 7、8 格图像

戏楼内存木质屏风，屏心缺失，上方檐垫板上绘制图像，东侧残缺，现存 11 格。由左至右前 6 格绘博古图，第 7 格绘一异域相貌者坐在石上，左手举树枝状物，身侧立一背生双翅的动物。[①]第 8 格绘一男子坐在地上，双手举八卦盘，上方立一鹿（图 192）。其中第 6 格的博古图内有题"民国十九年（1930），沟底大社"字样的信笺，表明该木屏风上的图像绘制于民国十九年，当时该村名为沟底大社。

正殿前壁残存乾隆、道光年间的墨书榜题，据此推测此时正殿壁画已完工，即绘制于乾隆二十二年（1757）之前。

46. 西郭庄村关帝庙[②]

位于野川镇西郭庄村，坐西朝东，现存院门、正殿、戏台、两耳房和两侧厢房。正殿和两耳房内遗存壁画。正殿面阔三间，进深四椽，前设檐廊，悬山顶。

① 该动物似马，具龙须、狮耳、牛蹄、鹿尾，背生翅，应表示神兽。
② 该庙壁画内容依据谷东方《山西高平西郭庄关帝庙壁画考察》一文改写而成，载于《山西档案》2016 年第 3 期，第 20—22 页。

两耳房均面阔两间，进深四椽，硬山顶。

正殿后壁和两侧壁遗存壁画，后壁为仿围屏式，画面高 274 厘米，宽 640 厘米，共 12 扇，花鸟和人物图像相间排列。由左至右第 1、2 扇漫漶严重，第 3 扇绘月季花和形象漫漶难辨的动物，第 4 扇绘汉钟离与何仙姑立于山崖间（图 193），第 5 扇绘荷花与白鹤。第 6 扇绘白猿推一枯藤车，[①] 车上坐一老妪，旁立一持扇的侍女（图 194），推测老妪为西王母。第 7 扇绘一抱如意的官员和二持幡的童子，官员的形象类似天官。第 8 扇绘菊花和石下的雄鸡。第 9 扇绘吕洞宾和双手捧桃的桃柳妖（图 195）。第 10 扇绘牡丹花。第 11 扇绘二女子和一鹭鸶（图 196），其中一女子肩扛锄，锄上悬挂一篮子，此人可能为麻姑，篮中是献给王母的寿桃。第 12 扇绘一喜鹊立在梅梢，一喜鹊立于石旁。推测该壁内容应为王母祝寿。

两侧壁表现关羽故事，画面均高 247 厘米，宽 298 厘米，北壁中部曾挖拱形门洞，现砌砖封堵，画面遭到破坏。北壁右上方绘灞桥桃袍（图 197）。左下方大部分画面缺失，推测该处描绘三英战吕布的画面。南壁右下方绘水淹七军时周仓擒庞德的画面，关羽坐在虎头船上，周仓和庞德在水中打斗（图 198）。两侧壁其他画面均表现关羽同敌将交战，应为斩杀颜良、文丑及"过五关斩六将"内容。

两侧山墙上方绘影梁，象眼、山花等处绘植物纹样。

左耳房后壁遗存壁画，底缘剥落，画面残高 190 厘米，宽 339 厘米。描绘七个女子荷锄提篮，或坐或立，姿态各异（图 199）。画面左端一小猴子躺在桃树枝叶间。结合小说《西游记》推测该壁面表现的是蟠桃园中七仙女准备摘桃，孙悟空即将被惊醒的情景。

右耳房后壁遗存壁画，画面高 231 厘米，宽 339 厘米。中绘一云龙（图 200）和戴通天冠、呈帝王相者及二童子。另有八身相貌奇异的人，分别捧持圆形物、月、太极双鱼、布（衣）、匣状物、宝珠、拐杖、灵芝草等物品（图 201）。其中可见二人的脚趾间生蹼，画面右下方还绘两条形象奇特的鱼。小说

---

① 图像中出现白猿，其内容大多与仙道相关。《山海经·南山经》载："堂庭之山，多白猿。"马昌仪：《古本山海经图说》，山东画报出版社，2001，第 5 页。"猿五百岁化为玃，玃千岁化为老人。"（南朝梁）任昉：《述异记》，中华书局，1991，第 14 页。

图 193　关帝庙正殿后壁第 4 扇

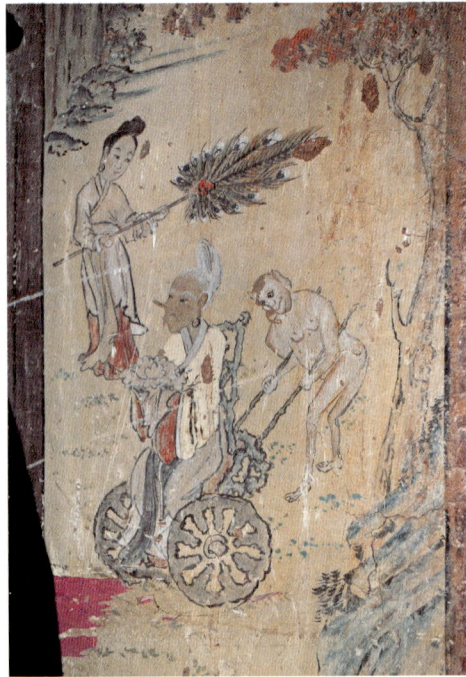

图 194　关帝庙正殿后壁第 6 扇

图 195　关帝庙正殿后壁第 9 扇

图 196　关帝庙正殿后壁第 11 扇

图 197　关帝庙正殿北壁灞桥挑袍图

图 198　关帝庙正殿南壁水淹七军图

图 199　关帝庙左耳房后壁（局部）

图 200　关帝庙右耳房后壁云龙

图 201　关帝庙右耳房后壁（局部）

《八仙全传》讲述了龙精与蛟精争斗，龙胜蛟败的故事；鳜大夫和八名夜叉离开水晶宫去拜访田螺的情节。[①]画面内容与小说的描述接近，但又不完全相符，或许另有来源。

正殿脊枋底墨书清道光三年（1823）创修关帝庙的题记，可知关帝庙正殿与两侧耳房于清道光三年动土，道光四年九月兴工，十月初一上梁。考虑到后续塑像、彩绘等工序，应在道光五年（1825）开春以后方可绘制壁画，画面无重绘痕迹，应为当时遗存。

47. 南杨村关帝阁

位于野川镇南杨村，单体建筑，两殿并置，西殿无内容，东殿为关帝阁。东殿面阔三间，进深四椽，前设檐廊，两扇板门上阴线刻"关帝正殿"四字，殿内后壁遗存壁画。

后壁正中曾置塑像，现留基坛痕迹。壁面斑驳漫漶，画面高约 270 厘米，宽 672 厘米，分左、中、右三段，中段为仿围屏式（图 202），两侧为仿卷轴式。中部屏扇折为"几"字形，可见 6 扇，以水墨画法表现，中间两扇描绘云龙。两侧描绘人物、山水，但漫漶不清，可分辨出房舍、桥梁上有数人。左段绘桃园结义（图 203），右段描绘三顾茅庐（图 204）。

山墙上方绘影梁，象眼处绘松树，山花处绘植物纹样。

庙外廊下刊刻于道光二十四年（1844）的《补修关帝庙碑记》记述了该庙于乾隆五十二年（1787）和嘉庆二十年（1815）补修之事，道光年间乡民见"栋宇倾圮，丹青蚀落"而补修，后"倾圮者固之，蚀落者新之"。据此推测，壁画应绘制于道光年间。

48. 唐家山村老君堂

位于野川镇唐家山村，单体建筑，朝向北偏东 15 度。殿堂面阔九间，进深四椽，前设檐廊，硬山顶。檐廊的两道隔墙将整体建筑分为三部分，各部分正中

---

① （清）无垢道人：《八仙全传》，三秦出版社，2001，第 46—93 页。

图 202　关帝阁后壁中段

图 203　关帝阁后壁左段桃园结义图

图 204　关帝阁后壁右段三顾茅庐图

设门，两侧开窗。殿内分为三殿，以墙相隔，设门洞相连，中殿和西殿的后部被砌作拱形龛。

中殿拱顶上方墨书"昆仑洞"，后壁绘二龙戏珠，画面高 218 厘米、宽 200 厘米，二龙张牙舞爪、腾于云际，两龙间悬浮火焰珠（图 205）。

西殿后壁绘麒麟，画面高 218 厘米，宽 200 厘米，下方散布杂宝，上方绘云朵和红日（图 206）。左壁绘仿卷轴式壁画，残余上部，漫漶难辨。

东殿后壁和两侧壁后部描绘观世音救八难，画面高 190 厘米，通宽 537 厘米，剥蚀严重（图 207）。中部残余头光、山石、白云、竹林等，应为观世音塑像的背景。两侧绘救八难场面，每侧四难，错落分布。

中殿左壁和东、西两殿的两侧壁山墙上方绘影梁，象眼和山花处绘植物纹样。

中殿左壁遗存清乾隆二十年（1755）墨书的榜题"唐家山创修老君堂"（图 208），记载施主姓名和施钱出工的数目，其中"张鲁川施地基二间"阐明了该庙虽为九开间，但开间狭窄，整体宽度只有两间。东殿壁面的题记载："乾隆岁月创修观音堂东间，乾隆贰拾年七月二十日。创修老君堂中间，创修圣西间，同治九年（1870）二月二十四日开工，四月二十三日完工。补修三殿。公元一九九八年农历三月十四日开工补修三殿。"可知该庙先建东殿，后造中殿和西殿，庙宇地基亦显示中殿和西殿依附东殿建造。据此推测，东殿观世音救难图应绘制于乾隆年间，中、西二殿后壁的龙和麒麟应绘制于同治年间补修庙宇时。

49. 常家沟村炎帝庙[①]

位于野川镇常家沟村，现存门房、正殿、两耳房和两侧厢房，其中正殿和两耳房内遗存壁画。2009 年重修时，壁画曾被描画，但风格犹存，不失原貌。2013 年被列为晋城市重点文物保护单位。

正殿面阔三间，进深四椽，前设檐廊，悬山顶。两耳房均面阔三间，进深四椽，硬山顶。

---

① 该庙壁画内容依据吕书炜《高平市野川镇常家沟村炎帝庙清代壁画考察》一文改写而成，载于《山西档案》2016 年第 4 期，第 24—26 页。

图 205　老君堂中殿后壁二龙戏珠图

图 206　老君堂西殿后壁麒麟图

图 207　老君堂东殿后壁观世音救八难图

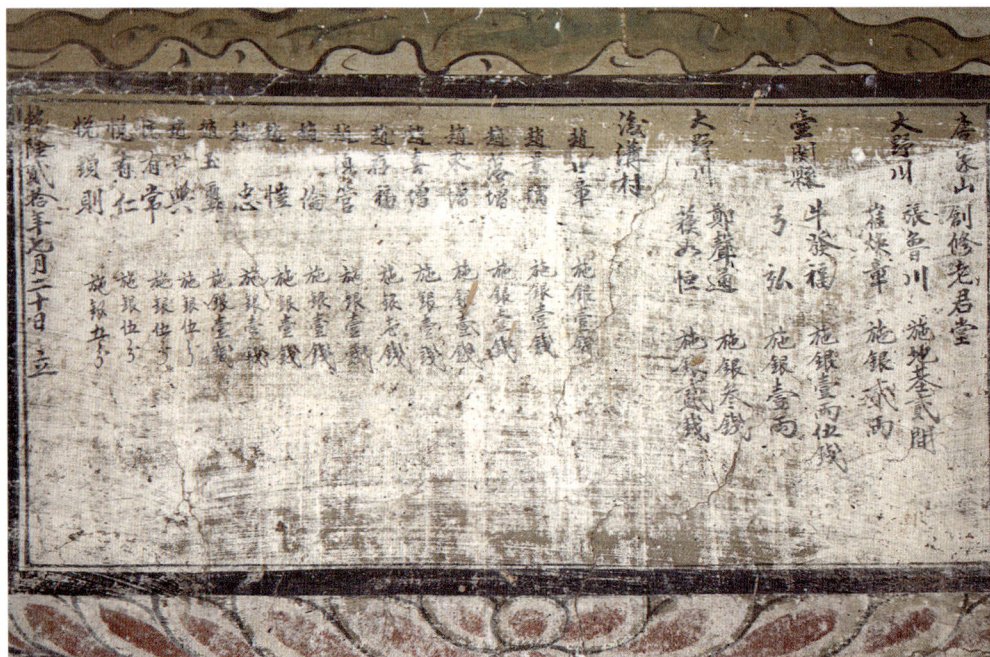

图 208　老君堂中殿左壁榜题

正殿后壁和两侧壁遗存壁画。后壁为仿围屏式，画面高242厘米，通宽650厘米，共12扇，花鸟和山水、人物相间排列。由左至右第1扇绘竹石，第2扇绘渔夫坐在河岸柳树下整理钓丝，第3扇绘梅树和两只燕子，第4扇绘二人在山间交谈，第5扇绘牡丹和卧在石下休憩的黑猫，第6扇绘山水峡谷，第7扇绘荷花与立于水中的鹭鸶，第8扇绘一男子抱琴向山中的房屋走去（图209），第9扇绘菊花和两只蝴蝶，第10扇绘二文人在松树下观看瀑布（图210），第11扇绘一只喜鹊立在梅枝上，第12扇绘一人立于桥上望向深涧（图211）。

两侧壁为仿卷轴式，画面均高302厘米，宽95厘米。东壁绘一龙腾跃于云气内（图212），西壁绘下山虎（图213）。

东耳房后壁和两侧壁遗存壁画。后壁画面分为左、中、右三段，高240厘米，通宽577厘米。中段为仿座屏式，绘松、鹿。左段绘桃园结义，右段绘三顾茅庐。

两侧壁表现关羽故事，画面均高240厘米，宽577厘米。东壁绘灞桥相送、水淹七军时周仓擒庞德和两处交战画面（图214）。西壁绘关羽跨马举刀追赶一将、华容道义释曹操、虎牢关三英战吕布和荥阳关胡班密告的画面（图215）。

西耳房后壁和两侧壁遗存壁画。后壁画面为仿座屏式，高240厘米，宽577厘米，绘一鹤立于松树下，另一鹤在空中飞翔，寓意松鹤延年（图216）。

两侧壁绘布雨图，画面均高240厘米，宽577厘米，布雨众神均位于云际（图217、218）。东壁绘龙王、布雨四神、判官，捧盆、负袋的二童子，扛扇的二侍者，背尺、负号和持坛的三鬼怪，该壁表现诸神布雨前的画面。西壁绘诸神祇正在布雨。

庙内存刊刻于康熙十年（1671）的《重修炎帝庙碑记》《新建高禖祠碑》，乾隆十三年（1748）的《重修炎帝庙，创修山神土地庙碑记》，嘉庆七年（1802）的《增修炎帝庙前院碑记》，道光七年（1827）的《炎帝庙、古佛堂、观音堂、山神庙补修碑记》，光绪三十一年（1905）的《补修炎帝庙、古佛堂、观音堂、山神土地庙碑记》，以上碑记反映出该庙部分殿堂创建修复的情况。正殿西壁后部画面题"冬雪风景图，乾隆年，元章笔"。参照碑记，可知正殿后壁画面绘制于清乾隆十三年，画者为元章。正殿后壁第5扇右上方题"此兴放陈章侯笔意"，可知

图 209　炎帝庙正殿后壁第 8 扇抱琴男子

图 210　炎帝庙正殿后壁第 10 扇观瀑图

图 211　炎帝庙正殿后壁第 12 扇观涧图

图 212　炎帝庙正殿东壁

图 213　炎帝庙正殿西壁

图 214　炎帝庙东耳房东壁

图 215　炎帝庙东耳房西壁荥阳关画面中的刀斧手

图 216　炎帝庙西耳房后壁（局部）

图 217　炎帝庙西耳房东壁

图 218　炎帝庙西耳房西壁

画者仿陈章侯（即陈洪绶）的风格绘制。

50. 大西沟村成汤庙

位于野川镇大西沟村，前后两进院落，现存院门、舞楼、正殿、两耳房和前后院的两侧厢房。

正殿面阔三间，进深四椽，前设檐廊，悬山顶，殿内后壁和两侧壁遗存壁画。后壁画面为仿围屏式，高270厘米，宽683厘米，共12扇，相间绘制花鸟和人物。由左至右第1扇绘观瀑图，第2扇被塑像遮挡，第3扇绘一人立于岸上，第4扇绘花鸟，第5扇绘山林间一人向一坐者拱手行礼，第6扇漫漶，第7扇绘一人行走在山路上，第8扇绘荷花和鹭鸶，第9扇绘钟子期听俞伯牙弹琴，第10扇可见树木、鸟雀，第11扇被塑像遮挡，第12扇绘竹石。

两侧壁画面为仿中堂式，中部绘画，两侧为对联，高275厘米，通宽200厘米。东壁绘一文士坐在山中的房屋内望向屋外，另一文士骑马行在山道中，前行一挑担的童子，后随一抱琴的童子，应是进山访友（图219）。西壁画面漫漶严

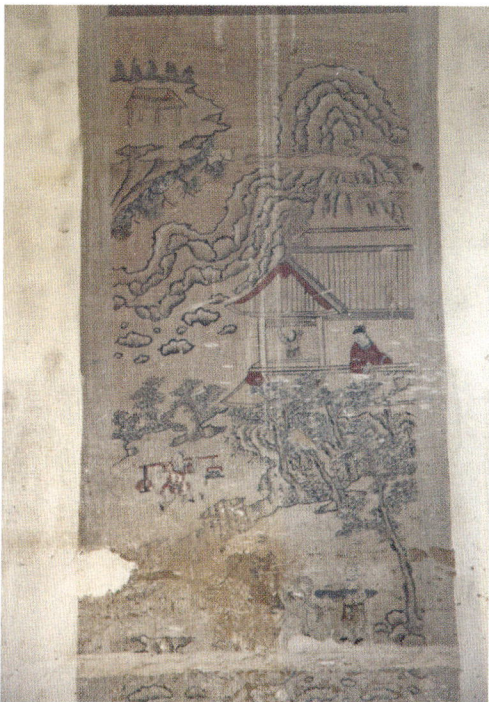

图 219　成汤庙正殿东壁

图 220　玉皇庙正殿东壁

重，可辨一人坐在桌旁。

两侧山墙上方绘影梁，象眼处绘云龙，山花处绘植物纹样。

庙内嵌两通石碑，刊刻于清乾隆三十四年（1769）的《成汤庙募捐记》记述了乡民向该庙捐物之事，光绪十三年（1887）的《补修碑记》记载了补修该庙之事，其中有"自康熙以及同治，补修不下三五次"之语，据此推测该庙应创建于康熙年间或之前，壁画可能绘制于光绪年间补修之时。

51. 圪头村玉皇庙

位于野川镇圪头村，现存院门、正殿、两耳房和两侧厢房。

正殿面阔三间，进深四椽，前设檐廊，悬山顶，殿内后壁和两侧壁遗存壁画。后壁画面为仿座屏式，高 240 厘米，宽 600 厘米，绘山水画。两侧壁画面为仿卷轴式，均高 240 厘米，宽 94 厘米，东壁绘云中龙（图 220），西壁绘下山虎（图 221）。

图 221　玉皇庙正殿西壁

图 222　关帝庙正殿后壁左段

两侧山墙上方绘影梁，象眼和山花处绘读、猎、渔、耕四类人物，以及客访图、打虎图等。

脊枋底墨书乾隆二十九年（1764）创修该庙的题记，东壁墨书嘉庆六年（1801）一些殿堂动工和完工的榜题，西壁存乾隆四十五（1780）年时购置庙产的记录。由以上题记和榜题可知，该庙由郭氏出资，于乾隆二十八年（1763）动工，次年上梁，至乾隆三十四年（1769）完工，乾隆四十五年购置庙产。据此推测，壁画应绘制于乾隆年间。

52. 郭家沟村关帝庙

位于野川镇郭家沟村，现存院门、正殿、两耳房、两侧厢房和钟鼓楼。

正殿面阔三间，进深四椽，前设檐廊，悬山顶，殿内后壁和两侧壁遗存壁画。后壁画面高 238 厘米，通宽 600 厘米。正中为仿座屏式，漫漶严重，内容不明。左、右两段为仿卷轴式，墨线勾勒八仙立于松下，漫漶褪色严重（图 222）。

图 223　关帝庙正殿东壁上层右中格玉泉山"显圣"图

八仙以白描绘制，线条精妙，画功深厚。

　　两侧壁绘与关羽相关的故事，画面均高 238 厘米，宽 327 厘米，每壁分 3 层 4 列，共 12 格，每格内绘一个故事场面。画面造型笨拙，线条纤细，设色浅淡。东壁上层绘许田射鹿、玉泉山"显圣"（图 223）等，中层可见隆中对、关羽战庞德，下层可见古城会（图 224）、水淹七军。西壁上层绘擒庞德、魏延献功（图 225）、杀车胄、华容道义释曹操。中层绘曹操赠马（图 226）、斩颜良、斩秦琪、单刀赴会。下层绘廖化献首级、胡班报信、收周仓、灞桥挑袍。两侧壁这 24 个故事安排无序，似乎随意布置。

　　后壁东侧仿卷轴画底缘残存墨书，可辨"光十二年（中残）庙（中残），永远为记"字样，据此推测该殿壁画应绘制于清道光十二年（1832）。后壁八仙图与两侧壁关羽故事图风格不同，八仙图线条变化多样，笔力遒劲，人物造型自然，具有文人画特征，关羽故事图线条平直，人物形态僵硬，具备界画特征，两处画面非同一人所绘。

图 224　关帝庙正殿东壁下层左格古城会图

图 225　关帝庙正殿西壁上层左中格魏延献功图

图 226　关帝庙正殿西壁中层左格曹操赠马图

53. 下董峰村关帝殿

位于原村乡下董峰村，单体建筑，朝向西南。大殿面阔三间，进深四椽，前设檐廊。殿宇已被废弃，残破不堪，院门门头板上镌刻"关帝庙"三字。

殿内后壁和两侧壁遗存壁画，焦黑漫漶，其中后壁泥层大面积残缺。后壁画面高 223 厘米，宽 554 厘米，右下角可辨一红色水鸟漂浮在水面，其余内容难以辨识，可能为花鸟内容。

两侧壁画面均高 223 厘米，宽 350 厘米，上方均难以辨识。左壁下方中部绘环眼虬须、着黑袍的张飞右手举长矛，驱马于桥上，身后随一挥旗的士兵，其后布满云气烟尘（图 227）。右下方绘曹操掩帽策马，士兵举着上书"帅""三军"字样的旗帜。推测该画面为张飞在长坂桥喝退曹兵的情节。右壁下方左侧绘关羽，着戎装、披斗篷、腰悬剑，右手提长刀、左手握鲁肃的手臂，正在前行。鲁肃戴展脚幞头、着长袍，向关羽拱手（图 228）。水面上一艄公驾小船停靠在岸边。该画面应为单刀赴会的情节。下方可辨灞桥挑袍画面。

图 227　关帝殿左壁张飞

图 228　关帝庙右壁下方左侧

庙内不见题记，从所绘题材和壁画风格推测壁画绘制于清中后期。

54. 康营村成汤庙

位于马村镇康营村，前后两进院落，由前至后依次分布前院舞楼（含门道）、两耳楼、两侧厢房，中殿，后院舞楼、两侧厢房、正殿、两耳房，构造完整。绘画遗留在前院和后院舞楼上的木质屏风上以及前院东厢房门窗上方的檐垫板外面。

前院舞楼上的屏风呈"几"字形，通高 388 厘米，通宽 800 厘米，两侧设供演员上下场的拱形门（图 229）。门头板和屏心图像漫漶严重，裙板无纹样。门头板共 16 格，两侧门上的 4 格内绘制戏剧人物，其余 12 格均绘博古图。其中由左至右第 10 格内绘图书、香炉等物品，书封面上残存"国十一年历"字样。两端 4 扇屏心绘院落及人物，但因漫漶，细节难辨。中部 8 扇屏心为蓝底金字，两端两屏扇题写对联，内容出自明代陈继儒的《小窗幽记》第四卷《集灵》，中间 6 扇题写唐代杜牧《阿房宫赋》的前半部分。

后院舞楼上屏风的材质、样式、大小与前院相同（图 230）。门头板两端的 8 格内绘博古图，中部 8 格表现生活图景。屏心为蓝底金字，中部 8 扇题写北宋范仲淹《岳阳楼记》的前半部分。裙板为黄底，上书黑色寿字纹。文字末尾记该题写时间是民国十一年（1922），据此推测该屏风可能绘于此时，与前院舞楼上屏风绘制于同一年。

前院东厢房三义殿门窗上方的檐垫板外面绘三国人物，共 9 格，中部门上 3 格被匾额遮挡，内容不明，左、右两侧窗上各 3 格，每格内均绘三人。右侧 3 格中分别绘姜维授印给廖化、[1] 张翼为先锋的情节，刘备、甘夫人与怀抱阿斗的糜夫人，诸葛亮与关平、张苞（图 231）。左侧 3 格中绘关羽和关兴、关平父子，刘备、关羽和张飞，董卓、吕布和貂蝉（图 232）。画面用线纤细，造型稚拙，用笔随意，人物着色较浓重，周围环境着色较少，背景为蓝色，富于装饰感。

---

[1] 姜维作为将军，应着甲胄，画面中其着文官服装，可能受相关戏曲影响。

图 229　成汤庙前院舞楼屏风

图 230　成汤庙后院舞楼屏风

图 231　成汤庙前院东厢房三义殿右侧 3 格图

图 232　成汤庙前院东厢房三义殿左侧 3 格图

檐廊北墙嵌刊刻于光绪元年（1875）的《彩画三义殿四字碑文》，碑文记述成汤庙创修三义殿、看楼、账房，彩画等事，据此可知该图像绘制于清光绪年间。

庙内现存刊刻于明崇祯八年（1635）《创建东岳天齐仁圣帝庙记》和清雍正十一年（1733）《重修龙王庙碑记》，舞楼脊枋底墨书咸丰九年（1859）重修舞楼和东、西耳楼的题记。推测该庙创建于明崇祯年间，清雍正年间重修，咸丰年间重修舞楼和两侧耳楼，三义殿和看楼完工于光绪元年。

55. 龙泉山观音庙

马村镇康营村南的龙泉山腰上横列三座殿堂，均坐南朝北，观音庙位于中间。

观音庙中殿内两侧壁遗存壁画，画面均为仿卷轴式，高180厘米，宽80厘米，西壁绘云中龙，东壁为下山虎。一殿中遗存墨线描绘的仿横轴式菊石图（图233），画面均以墨线勾画，笔意草草，绘制简略。

中殿脊枋底墨书道光二十一年（1841）上梁的题记，另一座殿内立同治年间

图 233　观音庙菊石图

（1862—1874）刊刻的《创修五瘟殿》碑。据此推测该庙于道光年间建造观音殿，同治年间增建五瘟殿，壁画可能绘制于清道光至同治年间。

56. 阁老村汤王庙

位于马村镇阁老村，现存舞楼、正殿、两耳房、两侧厢房和看楼。

西耳房面阔两间，进深四椽，硬山顶，后壁和两侧壁遗存壁画。后壁画面残存左半壁，遗存 5 方开光式图像，残高 180 厘米，残宽 210 厘米，分上、下两层。上层左图菱花形内绘一丛荷花。中图开光呈长方形，内绘麒麟送子，童子持如意、骑麒麟，后随一持节的女子（图 234）。右图开光呈正方形，内绘一丛被风吹得歪斜的牡丹，右上角题"夜来风雨声，花落知多少"。下层左图开光呈扇形，内绘两只鹤在云气中飞舞。右图开光呈长方形，内绘二童子在庭院中嬉戏，四女子在栏杆旁观看（图 235）。

两侧壁画面均为仿卷轴式，高 200 厘米，宽 90 厘米，绘制神话传说中的人物，上部漫漶。东壁以墨线在砖墙表面勾画刘海戏金蟾，刘海披发、袒腹、赤

图 234　汤王庙西耳房后壁麒麟送子图

177

图 235 汤王庙西耳房后壁庭院嬉戏图

图 236 汤王庙西耳房西壁张仙送子图

足，双手舞动系钩的绳线，一蟾蜍跳起张口欲咬钩。西壁画面残损，绘一男子着窄袖长袍，腰间饰龙纹，回身朝上方挽弓，两侧立二童子，右侧童子捧升，内置弹子（图236）。推测中间男子为张仙，又称送子张仙。清代赵翼考证其形象源于后蜀主孟昶，还追溯了张仙与送子的关系。①

两侧壁分别绘刘海戏金蟾和送子张仙，说明钱财广进和多子多福是民众的祈盼。画面线条流畅，墨色晕染，人物姿态自然生动，技法较高，与后壁的风格差别很大。

庙内现存刊刻于嘉庆十二年（1807）的重修碑记，舞楼脊枋底存咸丰元年（1851）补修的榜题，据此推测壁画应绘制于清嘉庆至咸丰年间。

57. 大周村火神庙

位于马村镇大周村，单体建筑。殿宇面阔三间，进深四椽，前设檐廊，硬山顶。殿内后壁和两侧壁遗存壁画。

后壁上半部泥层脱落，露出砖墙，下半部残存壁画，残损剥蚀较严重。画面为仿座屏式，残高约200厘米，残宽521厘米，绘山峦、岩石、林木和一组建筑及一些人物，但细节不清。画面左侧为二持节和一捧盘的童子，中部绘一着长袍的文士坐在树干上休息，其前后各立一分别捧书和卷轴的童子（图237）。右下方绘一着红袍的文士携二童子前行。右侧绘二戴斗笠、着短褐的樵夫正坐在地上看书，柴担放于身旁（图238）。推测此壁应表现在山间活动的文人高士。

两侧壁画面为仿卷轴式，均残高178厘米，宽196厘米。东壁绘两条龙，大龙处于上方云气中，伸爪欲抓火焰珠，小龙在下方的水波中翻腾，应表现了苍龙教子。②此画面被一仿屏风式画面遮挡一角，其屏心绘菊花，应为后世所绘。西壁绘两只虎于松树下，大虎转头注视旁边的小虎，松枝上有两只喜鹊（图239）。画面左侧遗存墨书题记，记载了一次蝗虫灾害，年号处可辨"同"字，应为同治

① （清）赵翼：《陔余丛考》（卷三十五），河北人民出版社，1990，第631—632页。
② 此二龙表示父子，寓意教子有方，又称"教子升天"。西壁大虎与小虎也体现了教子的含义，其来源应为"太狮少狮"，以虎代狮，象征世代高官，与东壁望子成龙之意相通。

图 237　火神庙后壁休憩图

图 238　火神庙后壁樵夫读书图

图 239　火神庙西壁

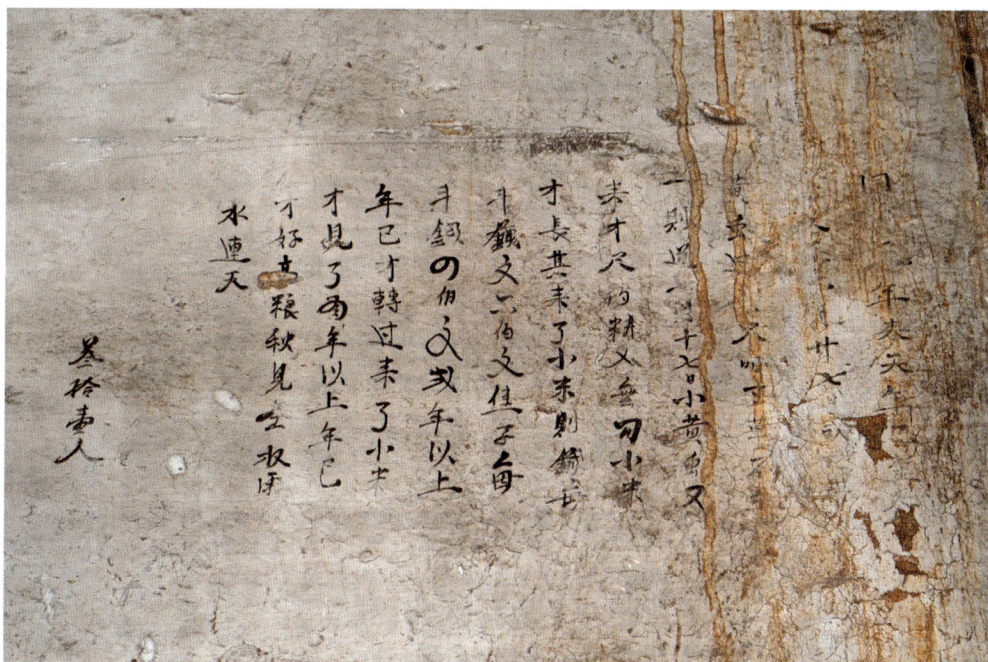

图 240　火神庙西壁左侧题记

年间，说明同治年间壁画已存在（图240）。该题记墨迹清晰，笔画随意，工草兼具，布局得当。

两侧山墙上方绘影梁，象眼处绘松树，山花处空白。

该庙后壁画面的绘制手法接近青绿山水的画法，两侧壁龙虎图以水墨为主，技法熟练，线条流畅，形式雅致。脊枋底残存"雍正十二年（1734）"墨书题记，壁画大概绘制于此时。

58. 毕家庄村老君堂

位于马村镇毕家庄村，单体建筑。殿宇面阔三间，进深四椽，前设檐廊，硬山顶。殿内后壁和两侧壁遗存壁画，画面漫漶剥蚀严重，下部尤甚。

后壁画面高308厘米，宽750厘米，分为左、中、右三部分。中部为仿座屏式，绘老子骑在黑牛背上，后随二童子。左右两部分为仿卷轴式，内容漫漶不明。

两侧壁画面为仿围屏式，均高238厘米，宽472厘米，两壁均为6扇，可辨以花鸟为题材，详情不明（图241）。

庙内刊刻于道光十二年（1832）的《创修老君庙碑记》记述了修建此庙的原因，据此可知该庙创建于清道光年间。脊枋底墨书漫漶，可辨"大清二十五年岁己亥重修"字样，据此推测重修上梁时为光绪二十五年（1899），当年正是"己亥"年。壁画应绘制于光绪年间。

59. 回山村南阁

位于河西镇回山村，现存院门、院墙、正殿和两侧耳房，坐南朝北，建造在沟渠之上，拱形桥上嵌写有"凝瑞阁"三字的匾（图242）。正殿和左耳房内遗存壁画。

正殿内后壁和两侧壁遗存壁画，但被遮挡，且画面漫漶严重，仅可见绘制精巧的一僧人踩树叶渡水。

左耳房后壁壁画为仿座屏式，高195厘米，宽206厘米（图243）。上方帐

图 241　老君堂西壁

图 242　南阁外景

图 243　南阁左耳房后壁

形龛内二男子并排倚坐在方形座上，一男子戴小冠，着宽袖长袍，双手捧稻谷，应为五谷神。一男子戴硬脚幞头，着宽袖长袍，左手扶膝，右手握腰带，其形象接近财神。下方正中置盆，内盛宝珠，两侧立二胁侍，左侧为双手抱书卷的文士，右侧为双手托盘的武士，盘内盛宝珠。殿内不见题记，画面呈现清代风格。

　　该殿画面似按塑像布局绘制，二主尊并排倚坐于龛内，上方垂帐，两侧立文武胁侍，正中置供品，可能因该殿空间狭窄，才在壁面上留出礼拜区域。此二主尊应为五谷神和财神，体现民众对丰收和财富的祈愿。据考察所见，五谷神、财神在高平壁画中很少出现，除该殿以外，北诗镇贺庄村亦有五谷财神庙，但庙内主要图像已不存。

60. 焦河村炎帝庙

　　位于河西镇焦河村，现存舞楼、拜殿、正殿、两耳房、两侧厢房。2013年被列为晋城市重点文物保护单位。

正殿面阔三间，进深四椽。殿内后壁遗存的壁画高 274 厘米，宽 1217 厘米。画面可分为三段，中段为仿座屏式，左、右段为仿围屏式，各 6 扇。

中段中心绘水波，周边有一些人物在山林中。左上绘二道士装束者坐在石桌两侧下棋，一戴高巾帽的老者在旁观看。左中绘一鹤发童颜的老者手拈银髯，回头注视身旁童子。左下绘一持拂尘的男子、一负剑的男子和一白发银须的老者（图244）。右侧中部绘一穿圆领红袍的男子坐在石上，右手捏木签，左手指向前方云气中的龙，身侧立一虎，身后立二童子。左下岸边立一老一少两人（图245）。

左段的 6 屏扇，由左至右第 1 扇绘柳树、桃花和两只飞舞的燕子（图246）。第 2 扇绘山中庭院内一老者和一文士坐于石桌两侧，一童子正往树枝上挂灯笼，一童子在煮茶，另有走在桥上的一文士和一提灯笼的童子。第 3 扇绘白玉兰、牡丹和对视的两只锦鸡（图247）。第 4 扇下方绘一骑马的文士携仆人在山道上前行，一骑牛的男子和一扛伞者（图248）。第 5 扇绘荷花和三只鹭鸶。第 6 扇绘一吹笛的牧童，下方一童子正在给一老农倒酒或水，童子后立一手托灵芝的男子，旁边一樵夫和一渔夫似正在交谈（图249）。

右段的 6 屏扇，由左至右第 1 扇上方绘红色寿带鸟立于枫树枝头，下方白色公鸡单腿立于菊花旁（图250）。第 2 扇绘山中庭院中一男子和一童子正在观看水缸中的金鱼，一童仆向鱼池中倒水，另一童仆正挑水走向水池（图251）。第 3 扇绘两只喜鹊停在梅枝上。第 4 扇绘一戴风帽的文士坐在石上，两侧各立一笼袖的童子，另一童子蹲坐在车轮旁（图252）。第 5 扇绘树枝与花丛。第 6 扇绘一戴棉风帽的文士骑驴过桥，前方一童子牵驴，后方一童子怀抱梅枝（图253）。

该殿壁画色彩鲜艳，线条变化多样，以分染和罩染技法对主体形象着色，以晕染技法绘制背景。画面保存状况良好，在零星剥落处可见壁面白色灰层，补绘或重绘现象不明显。后壁中段绘制历史人物或神话传说故事。两侧画面间隔排列花鸟和人物题材，整体上表现了四季花鸟和文人四季活动。整壁画面与该庙主题无关，主要起装饰作用。

庙内刊刻于明嘉靖四年（1525）的《迁修炎帝神农庙碑记》记述迁庙的经过和创建规模，道光九年（1829）的《炎帝庙重修碑记》记述迁庙之事及迁庙后的修补和扩建工作。据此可知，该庙原坐落在附近的庙岭山，可能创建于金明昌元

图 244　炎帝庙正殿后壁中段左侧

图 245　炎帝庙正殿后壁中段右侧

图 246　炎帝庙正殿后壁左段第 1 扇

图 247　炎帝庙正殿后壁左段第 3 扇

图 248 炎帝庙正殿后壁左段第 4 扇

图 249 炎帝庙正殿后壁左段第 6 扇（局部）

图 250　炎帝庙正殿后壁右段第 1 扇

图 251　炎帝庙正殿后壁右段第 2 扇（局部）

图 252　炎帝庙正殿后壁右段第 4 扇

图 253　炎帝庙正殿后壁右段第 6 扇（局部）

图 254　玉皇庙正殿檐垫板里面左边 3 格

年（1190），元代曾重修，明嘉靖四年迁建至此处，历经明万历年间和清乾隆年间两次修补，道光九年增建拜殿和庙门外廊庑，庙宇扩大。

61. 牛村玉皇庙

位于河西镇牛村，现存舞楼、正殿、两耳房和两侧厢房。正殿门窗上方的檐垫板里外、东耳房后壁及舞楼的木质屏风上遗存绘画。

正殿门窗上方檐垫板共 9 格，外面绘花卉图像，具体内容漫漶难辨。里面用水墨画法绘制花鸟，左边 3 格为喜鹊登梅枝、荷花莲叶、菊石墨竹（图 254），中间 3 格为月下喜鹊登梅、竹石图、牡丹花枝（图 255），右边 3 格为竹石图、菊花蝴蝶、花下游鸭（图 256）。两侧壁山墙上方绘影梁，象眼和山花处留白。

东耳房后壁绘龙虎图，画面高 220 厘米，宽 308 厘米，中部上端绘彩云托红日，左侧绘一龙（图 257），右侧可辨一虎的头、尾部。

舞楼上的木质屏风（图 258）上方 13 格内绘图像，中间 5 格内为博古图，内容以笔、墨、书册为主。两侧 8 格中可见 4 格仕女图和两格钟馗（或判官）图像，

图 255　玉皇庙正殿檐垫板里面中间 3 格

图 256　玉皇庙正殿檐垫板里面右边 3 格

图 257　玉皇庙东耳房后壁（局部）

另两格因被匾额遮挡，内容不明。4格仕女图分别表现二仕女在庭院游戏、郊外骑马、荷塘钓鱼、采花归来，二仕女均戴黑色遮眉勒[①]，上着右衽舒袖衬衣，下穿长裤。屏风下方设三处板门，两侧门板表面涂刷黑色，无图像。中间门板上绘天空流云、水波，左上方的岸边立福、禄、寿三星，其中禄星背负一童子。寿星双手持一发出光芒的瓶子指向水面上的亭子，亭内瓶中插一些短棍，亭上飞一白鹤，口中叼短棍（图259）。屏风图像以墨色为主，辅以少量彩色，上部格内图像起装饰作用，下部中间门板上画面可作为演出背景使用。门板上的亭、鹤、短棍等

---

　　①"清代妇女在天气稍冷的季节，平时在额间常系遮眉勒，既为美的装饰，又具御寒功能……平民百姓妇女所戴，在北方叫'勒子'或'脑箍'，南方叫作'兜'，以黑绒制作为多，也有加缀一些珠翠或绣一点花纹的。套于额上掩及于耳，系两带于髻下结之。它们就是明代妇女所用的额帕（又名头箍）演变而来。"黄能馥、陈娟娟：《中国服装史》，中国旅游出版社，1995，第366页。

图 258　玉皇庙舞楼上的屏风

寓意海屋添筹，[①] 福、禄、寿三星寓意多福、多寿、多子，[②] 体现乡民对幸福生活的向往。屏风背面木格内有题写于光绪七年（1881）的演出曲目名称，墨色消退，呈灰白色。

　　正殿脊枋底墨书康熙二十六年（1687）重修正殿的题记，庙内刊刻于乾隆四十九年（1784）的《东社重修舞楼柒间碑记》记述了重修舞楼的经过。根据题记、碑记可知，正殿创建于清康熙之前，康熙二十六年重修，舞楼于乾隆二十九年（1764）和四十九年重修。由屏风后题写于光绪七年的文字推测，屏风正面的图像应绘制于乾隆四十九年至光绪七年之间。

　　[①] "海屋添筹，为清宫御瓷重要的吉祥纹样之一，特别为雍乾二帝所喜。此典故出自宋·苏轼《东坡志林·三老语》，后遂演绎为海中有一楼，内贮世间每人寿数，用筹插在瓶中，每令仙鹤衔一筹添入瓶中，则可增寿百年，所以世人常用'海屋添筹'富祝长寿。此中'海屋'谓仙人仙境，'筹'则是古代用竹、木制成的计数工具。"沙伟：《古瓷上的"中国寿文化"》，《收藏界》2014 年第 10 期，第 59—60 页。

　　[②] "尧观乎华。华封人曰：'嘻，圣人！请祝圣人。''使圣人寿。'尧曰：'辞。''使圣人富。'尧曰：'辞。''使圣人多男子。'尧曰：'辞。'封人曰：'寿，富，多男子，人之所欲也。女独不欲，何邪？'尧曰：'多男子则多惧，富则多事，寿则多辱。是三者，非所以养德也，故辞。'"（清）郭庆藩：《庄子集释》卷五上《天地第十二》，王孝鱼点校，中华书局，1961，第 420 页。

图 259　玉皇庙舞楼屏风中间门板

图 260　北大庙正殿檐垫板里面左侧 3 格

62. 刘庄村北大庙

位于河西镇刘庄村，现存院门、正殿、两耳房和两侧厢房。正殿后壁和檐垫板里面遗存绘画。

正殿面阔三间，进深四椽，前设檐廊，悬山顶。殿内后壁画面高 280 厘米，宽 809 厘米，现壁面被白灰遮盖，可辨四周边饰，隐约可见零星图像，内容不明。两侧山墙上方绘影梁，象眼和山花处留白。

前壁檐垫板里面绘制人物图像，共 9 格。左侧 3 格内均绘一主一从两人（图 260），左格绘一抱笏的官员，后随一背物的童子。中格绘一戴纶巾的男子，后随一抱条状物的童子。右格绘一抱笏的官员和一抱香炉的童子。中部 3 格内均绘一僧一沙弥两人（图 261），左格绘一长络腮胡的僧人高举一向外放射光芒的佛像，身后有一沙弥。中格绘一僧人坐在石桌旁，身后立一背圆形物的沙弥。右格绘一僧人双手托长眉，弯腰注视趴在地上的动物，身后立一背物的沙弥。右侧 3 格中左格绘一持条形板的男子和一背物童子，中格绘一手握羽扇的道士坐在牛背上，右格绘一双手托条状物的童子和一抱条形板男子（图 262）。

图 261　北大庙正殿檐垫板里面中部 3 格

　　该檐垫板图像中的人物身份虽难以辨识，但应以儒、释、道三教为题材。在明代，统治者认为儒家制典，释、道暗助，三教不可或缺，共同起到维护封建统治的作用。[1]民间亦有三教都劝人为善，最终归为一家的认识。[2]该殿是清代三教融合图像的又一实例，在一定程度上体现晋东南民间对三教的认知。

　　正殿脊枋底墨书康熙四十三年（1704）创建三教大殿三间的题记，檐垫板描绘的三教图像与大殿主题一致，无修补痕迹，画面应绘制于此时。庙内还存刊刻于光绪十四年（1888）的《□善会补修大庙碑记》，根据题记和碑记可知，该庙在创建时被称为三教殿，应供奉儒、释、道三教主尊，至迟在光绪年间被乡民称为大庙，沿用至今。

63. 刘庄村关帝庙

　　位于河西镇刘庄村，前后两进院落，朝向北偏西 20 度，前院低后院高。现存舞楼、正殿、两耳房和两侧厢房，二道门檐垫板上雕刻"汉精忠"三字。

　　正殿面阔三间，进深四椽，前设檐廊，悬山顶。殿内两侧壁遗存壁画，画面高 247 厘米，宽 353 厘米，壁面曾被白灰遮盖，漫漶严重，下部尤甚。壁面分格绘关羽故事，每壁两层，每层 3 格，共 6 格，两壁共 12 格。左壁上层左格绘关羽战庞德的画面（图 263），中格绘关羽夜读《春秋》，关羽的两位嫂子在墙上的圆窗处观看，胡班在院外踩着凳子手扒墙头向内张望。右格应绘东岭关关羽斩杀孔秀的画面。下层 3 格漫漶严重，且仅余上部，所绘内容不明。右壁上层左格绘关羽战黄忠，关羽催马持刀追赶，前方的黄忠在马上反身射出一箭，射在关羽的帽子上。中格绘关羽讨荆州，关羽坐在营帐中，周仓和关平守在帐门两侧，一扛旗的兵士在帐前似向关羽禀报（图 264）。诸葛瑾站在大营外与守

---

① "夫三教之说，自汉历宋至今，人皆称之。故儒以仲尼，佛祖释迦，道宗老聃……于斯三教，除仲尼之道祖尧舜，率三王，删诗制典，万世永赖。其佛、仙之幽灵，暗助王纲，益世无穷，惟常是吉。尝闻天下无二道，圣人无两心。三教之立，虽持身荣俭之不同，其所济给之理一然。于斯世之愚人，于斯三教，有不可缺者。"（明）葛寅亮：《金陵梵刹志》，何孝荣点校，天津人民出版社，2007，第 10—11 页。

② 如陕西榆林金佛寺上层第 7 龛刊刻于明万历三十四年（1606）的《三教记》载："盖儒虽曰儒一教，释虽曰释一教，道虽曰道一教。然其心，儒之万善同归，即释之万法归一，道之万圣朝宗，岂可以不同语哉。故修之，于后余万世，知三教为一家，知劝人为善之心，亦一之说也。"

图 262　北大庙正殿垫板里面右侧 3 格

图 263　关帝庙正殿左壁上层左格关羽战庞德图

图 264　关帝庙正殿右壁上层中格关羽讨伐荆州图

门官交谈，左侧立一手托书信的将官，营门两侧立持刀的卫兵。右格绘古城会的画面（图 265）。下层 3 格漫漶严重，左格可辨携将士的曹操骑在马上拱手，可能为灞桥挑袍或华容道的画面。中格漫漶不可辨。右格可辨一虎头船行驶在水面上，可能为水淹七军的画面。

　　该殿两侧壁画面的布局特点明显，分格表现，各格之间以纤细的墨线分隔，最大限度地利用壁面空间。同时，在形象塑造方面，画者将自己对生活的感受融入画面，例如在关羽战庞德的画面中，抬棺的士兵藏在树后观看战事，小说中未描述此情节，应是画者对该故事的理解。再如在关羽讨伐荆州画面中，营门两侧将士穿戴的甲胄呈清代样式，盔缨高耸，甲袖细长，额前伸出帽檐，左、右两片甲裙合于胸前，明裙宽大，与《大阅图》中乾隆帝所着甲胄样式接近（图 266）。①

　　庙内刊刻于道光六年（1826）的《刘庄重修关帝庙碑记》载重修该庙时修改方位之事。刊刻于同治四年（1865）的《补修关帝庙碑》记载了该庙的功用及募

---

① 张琼：《清代皇帝大阅与大阅甲胄规制》，《故宫博物院院刊》2010 年第 6 期，89—103，106。

图 265　关帝庙正殿右壁上层右格古城会图

图 266　关帝庙右壁上层中格将士

捐补修的过程。

64. 杜村关帝庙

位于河西镇杜村，现存舞楼、正殿、两耳楼、两侧厢房。正殿后壁和两侧壁遗存壁画，檐垫板里面遗存图像。

正殿面阔三间，进深四椽，前设檐廊，悬山顶。后壁画面为仿围屏式，高398厘米，宽854厘米，共12扇，相间绘制人物、花鸟、山水。由左至右第1扇绘一文士坐于树下，左手端杯，注视下方双手托篮子的童子（图267）。第2扇绘立于芦苇上的翠鸟与荷塘里的两只鹭鸶（图268）。第3扇绘一叶小舟行在山水间。第4扇绘一文士倚在树干上，身旁立一双手持荷花的童子（图269）。第5扇绘两只燕子在柳条间飞舞。第6扇绘四赶路人。第7扇绘一戴风帽的老者立于雪松下，身旁一扛梅枝的童子正欲前行（图270）。第8扇绘牡丹花丛和石上的锦鸡（图271）。第9扇绘山间小桥上的四人。第10扇绘一握芭蕉扇的文士坐在

图 267　关帝庙正殿后壁第 1 扇

图 268　关帝庙正殿后壁第 2 扇

图 269　关帝庙正殿后壁第 4 扇

图 270　关帝庙正殿后壁第 7 扇

图 271　关帝庙正殿后壁第 8 扇

图 272　关帝庙正殿后壁第 10 扇

石旁，一童子双手托奇石（图 272）。第 11 扇绘树和鸟雀（图 273）。第 12 扇绘雪后的山水和小桥上的行人。

后壁 4 扇画面描绘文士观赏物品，推测第 1 扇为陶渊明采菊，第 4 扇为周敦颐爱莲，第 7 扇为孟浩然折梅，第 10 扇为米芾赏石，体现了民众对古代文士的推崇。

两侧壁分组绘关羽故事，画面均高 425 厘米，宽 450 厘米。东壁左上方绘关羽在汜水关镇国寺斩杀卞喜。中部绘刘备、关羽和张飞纵马追击（图 274），应是破黄巾军的场面。左下绘灞桥挑袍的画面，关羽在桥上持刀挑袍，甘夫人、糜夫人乘轿，曹操携文武官员向关羽拱手。右下方绘桃园结义的画面，刘备、关羽和张飞坐在柳树下的石上，旁边有桃树，下方二人正在屠宰牛马（图 275）。左上方和下方中间绘关羽过五关斩六将的内容。西壁左上方绘关羽战庞德的画面，关羽纵马持刀与骑马持鞭的庞德交战，山边的士兵抬一口棺材（图 276）。《三国演义》中庞德的兵器是刀，画面中庞德持鞭应另有来源。[1] 右上方绘"屯土山关公约三事"，关羽坐在松树下的石上，手拈须髯，陷入沉思，对面石上坐张辽等二人（图 277）。左下方绘古城会的画面。中部绘水淹七军，周仓捉庞德的画面，关羽坐在船上，二士兵打开水闸，周仓正在水中追拿庞德。右下方应绘魏延杀韩玄、献长沙的画面，魏延手托盘子跪在关羽马前。

前壁门窗上部的檐垫板里面遗存图像，共 12 格（图 278）。由左至右第 1 格内绘花卉，第 2 格内绘樵夫在树下读书，第 3 格内绘花卉，第 4、5 格漫漶不明，第 6 格内似乎绘一渔夫，第 7 格内绘枝叶，第 8 格内绘一老者持杖行走在山道上，第 9 格内绘一人在树下读书，第 10 格内绘花卉，第 11 格似乎绘牧童骑牛，第 12 格绘花卉。檐垫板上遗存植物图像，除中部一格竹枝清晰可见外，余者均漫漶难识。

两侧山墙为五花山墙，象眼和山花处绘花卉纹样，梁架上彩绘精美。

脊枋底墨书乾隆三十六年（1771）建造正殿和两侧耳楼的榜题，殿内壁画和

---

[1] 画面中庞德戴朝天幞头，怒目圆睁，长须，耳上生发，持鞭等特征接近赵公明。《三教源流搜神大全》中赵公明的形象为头戴铁冠，手执铁鞭，面色黑，骑虎。职司含"解释公平，买卖求财，公能使之宜利和合"，可见其具备财神功能，明清时期信仰广泛。该图中庞德形象或许受此影响，除披甲跨马不同外，余处大体一致。

图 273　关帝庙正殿后壁第 11 扇

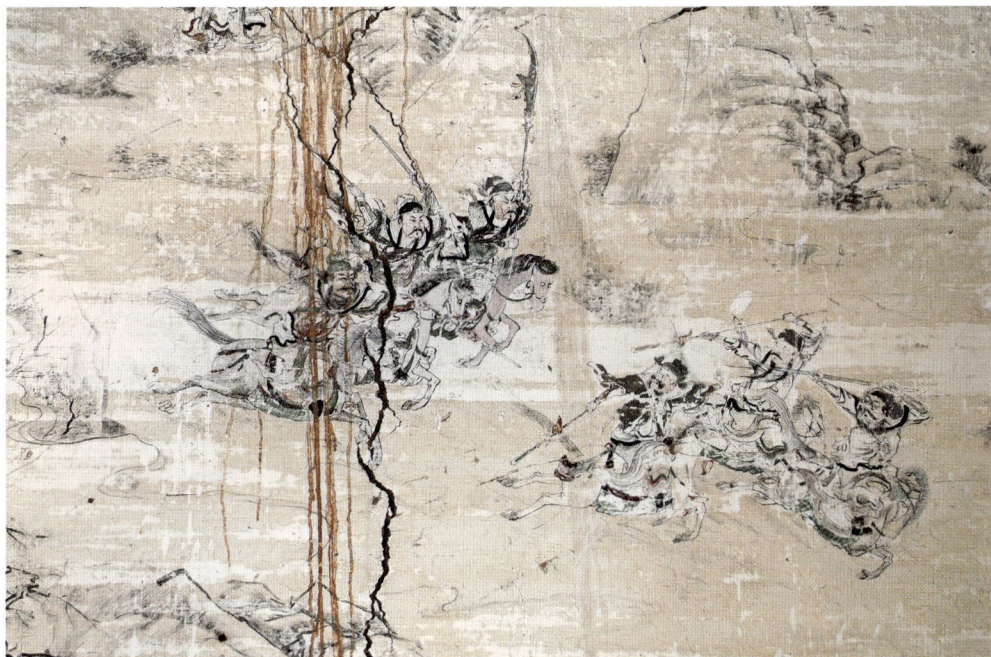

图 274　关帝庙正殿东壁中部破黄巾军图

图 275　关帝庙东壁右下方桃园结义图

图 276　关帝庙西壁左上方战庞德图

图 277　关帝庙正殿西壁右上方 "屯土山关公约三事" 图

图 278　关帝庙正殿檐垫板里面（局部）

彩绘不见补绘痕迹，据此推测壁画应绘制于清乾隆年间。

65. 朱家庄村北庙

位于河西镇朱家庄村，现存舞楼、正殿、两耳楼、两侧厢房。正殿后壁遗存壁画。

正殿面阔三间，进深四椽，前设檐廊。后壁下方残存三处基座痕迹，原塑像应为三身。壁面上方为仿围屏式壁画，画面高275厘米，宽850厘米，共12扇，各屏扇内绘开光式图像或题字，大多分上、中、下三段，中段面积较大（图279）。由左至右第1扇上图开光呈菱花形，内题诗。中图开光呈方形，内绘一男子携四随从均骑马行进在山道中，一老者坐在岸边钓鱼（图280）。下图开光呈方形，内绘两只喜鹊飞舞在竹叶间。第2扇上左图开光呈方形，内绘一僧人坐在松下的石凳上，旁边立一扛禅杖的沙弥。上右图开光呈椭圆形，内题诗。中图开光呈方形，内有两只寿带鸟飞舞在牡丹花丛上。[1] 下图开光呈扇形，内题诗。第3扇上图开光呈菱花形，内绘一鸟雀栖息在佛手形花的枝头。下图开光呈方形，其中内容漫漶难辨。第4扇上左图题诗。上右图开光呈方形，内绘二僧人席地而坐，一人握串珠，一人袒露胸腹。中图开光呈方形，上方绘停在玉兰树上的两只鸟雀和牡丹花丛旁的锦鸡。下图开光呈方形，内题诗，落款"壹则偶笔，松□子"。第5扇上图开光呈方形，内题诗，落款"弓阜柯者"。中图开光呈长方形，内绘一男子立于宫院中，右手托举一象，其他人在观看（图281）。下图开光呈扇形，内绘一鸟雀停在枝头。第6扇上图开光呈菱花形，内绘一僧人趺坐在石桌前展阅经卷，身后立抱琴、挂杖的二沙弥。中图开光呈方形，内绘柳树和二鸟。下图漫漶不可辨。第7扇上图开光呈方形，内题诗，落款"松隐者"。下图开光呈方形，内绘一男子在山林中弯弓搭箭（图282）。第8扇上图开光呈菱花形，内绘一老者骑在鹿上，后随一抱琴的童子（图283）。中图开光呈方形，内绘荷花、鸟雀以及两只在水面游弋的鸭子。下图开光呈方形，内题诗，落款"庚辰秋月偶题，杜多"。第9扇上图左侧开光呈方

---

① 寿带鸟表示寿，牡丹寓意富贵，二者组合即为寿带富贵之意。

图 279　北庙正殿后壁（局部）

图 280　北庙正殿后壁第 1 扇中图

图 281　北庙正殿后壁第 5 扇中图

图 282　北庙正殿后壁第 7 扇下图

图 283　北庙正殿后壁第 8 扇上图

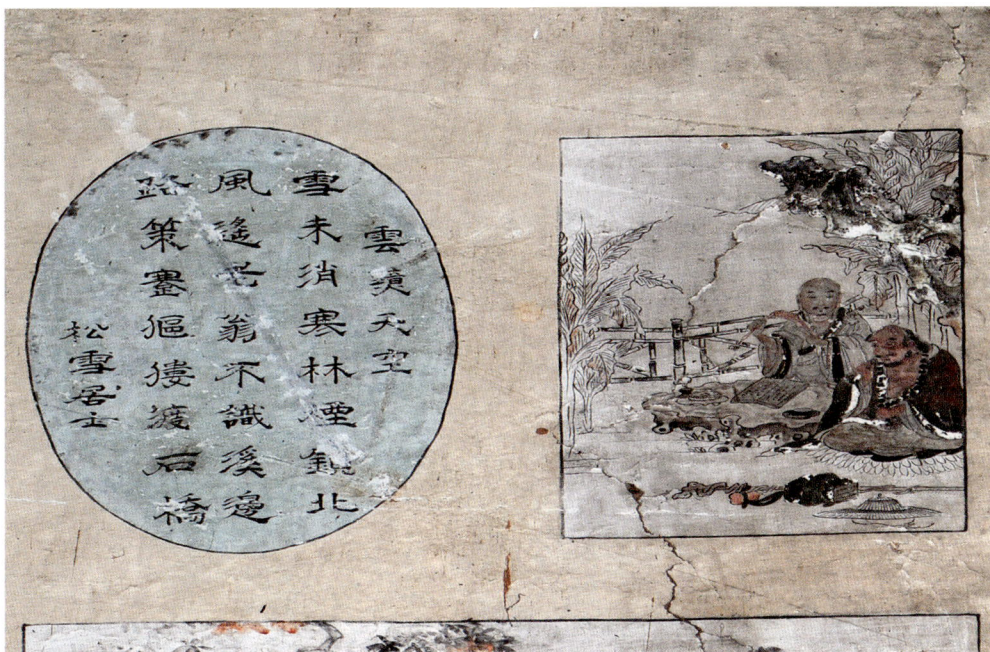

图 284　北庙正殿后壁第 9 扇上图左、右侧图

图 285　北庙正殿后壁第 9 扇中图

形，内绘二僧人并坐在芭蕉树下，一人执拂尘，一人注视地上的葫芦、书囊、斗笠等物。右侧开光呈椭圆形，内题诗，落款"松雪居士"（图 284）。中图开光呈方形，内绘山林间溪水旁的一些文士和童子，可辨九身主要人物（图 285），可能为会昌九老图。下图开光呈扇形，内题诗。第 10 扇上图开光呈菱花形，内绘牡丹、秀石。下图开光呈方形，内绘松树上的三只喜鹊。第 11 扇上左图开光呈椭圆形，内用篆书题写诗句。上右图开光呈方形，内绘二僧人坐在树下。中图开光呈方形，内绘山道上的四人。下图开光呈扇形，内题诗。第 12 扇上图开光呈菱花形，内题诗，落款"枯木子"。中图开光呈方形，内绘两只鸟雀停在梅枝上。下图开光呈方形，内可辨一撑小舟的艄公和岸边二人。

　　第 1、5、7 扇中部应描绘相同题材，同一男子分别出现在遇见老人、庭院掷象、野外射箭等画面中，可与佛传故事中的相关情节对应。三国时期的吴支谦译《太子瑞应本起经》载释迦出家和传道之事，其中讲到释迦出家前为迦毗罗卫国太子，名悉达多，曾在射箭和掷象比赛中胜过调达、难陀，在出游时遇到病人、老人等故事。据此，第 1 扇为遇见老人，第 5 扇为角力掷象，第 7 扇为比赛射箭。

两侧山墙为五花山墙，上方象眼和山花内绘植物纹样。两侧壁面还遗存题写于清康熙三十九年（1700）为金妆圣像和移修佛殿出资者的姓名。

脊枋底墨书康熙三十五年（1696）建造该殿和东西耳楼的榜题，庙内存刊刻于道光二十二年（1842）和光绪二十年（1894）的补修碑记。据碑记推测该殿于康熙三十五年落成，康熙三十九年完成塑像妆金，道光、光绪年间进行补修。第8扇下图落款时间为"庚辰秋月"，康熙三十九年正是"庚辰"年，壁画应绘于此时。根据后壁多处落款，推测画者的名号为杜多、松□子、弓阜柯者、松隐者、松雪居士等。

66. 黄家沟村观音堂

位于河西镇黄家沟村，朝向东北，现存院门、正殿、两耳房和两侧厢房，庙宇残破。正殿面阔三间，进深四椽，前设檐廊，殿内后壁和两侧壁遗存壁画。

后壁壁面多处开裂，部分壁面残损（图286）。画面为仿围屏式，高260厘米，宽703厘米，共12扇，绘开光式图像并题字，个别画面无开光，直接绘制器具。由左至右第1扇上图开光呈茧形，内题诗，下图绘四只喜鹊停在梅枝上。第2扇上图绘一僧人立于云际，肩扛悬挂蓑衣等物的禅杖，左手执钹。一戴插雉鸡翎幞头的男子跪于松树下，身后跪二扛旗的随从（图287）。下图开光呈四瓣葵花形，内题诗。第3扇上图开光呈圆形，内题诗。中图开光呈方形，内绘墨葡萄。下图绘打开的书，两页分别绘博古图和喜鹊、梅花。第4扇上图开光呈方形，内绘枯树。中图开光呈荷叶形，内绘山石水榭。下图开光呈方形，内绘菊花和一黑一白两只兔子。第5扇上图开光呈扇形，内题词，落款"注氏题"。中图开光呈方形，内绘一僧人趺坐在树顶，向下观望，一官员站在树下向僧人拱手，身后立二持金瓜的侍从和一牵马者。下图开光呈茧形，内题诗。第6扇上图开光呈方形，绘立在玉兰花枝上的两只鸟雀和凤凰、牡丹。下图开光呈葵花形，内绘崖壁树木。第7扇上左图开光呈树叶形，绘山崖水榭。上右图开光呈方形，内绘梅枝。中图绘笔筒，内插拂尘、笔、卷轴、如意。下图开光呈方形，内题诗，落款"癸酉，□邑子建题"。第8扇上图开光呈茧形，内题诗。下图开光呈方形，

图 286　观音堂正殿后壁（局部）

图 287　观音堂正殿后壁第 2 扇上图

绘一帝王模样的人向上拱手，身后立二持扇的侍者。第9—12扇画面漫漶严重，内容难辨。

该壁第2扇上图和第5扇中图面积较大，是主要图像。两图均与僧人相关，第2扇中的僧人立于云际，结合蓑衣、树叶、钵等推测，该僧人应为善无畏。《宋高僧传》记述中印度僧人善无畏能升空，来中国途中遇强盗而无伤，唐玄宗命其求雨并赐雨具。该画面应描绘善无畏遇强盗的场面，跪地者为强盗。第5扇中的僧人趺坐于树顶，应为鸟窠禅师，他在树顶筑窠而居，白居易曾前往拜谒，该图应表现了此内容。[①]

右壁漫漶不明，左壁绘观世音救八难，画面高280厘米，宽450厘米，漫漶严重。左上方绘一人向下掉落，一只大手在下承接，右侧云气上立观世音与二胁侍，此为坠崖难。右上方绘龙王携风、雨、雷、电四神立于云际（图288），下方

图288 观音堂正殿左壁右上方

---

①《景德传灯录》卷四载："杭州鸟窠道林禅师。本郡富阳人也，姓潘氏……后见秦望山，有长松枝叶繁茂盘屈如盖，遂栖止其上，故时人谓之鸟窠禅师。复有鹊巢于其侧，自然驯狎人，亦目为鹊巢和尚……元和中白居易出守兹郡，因入山礼谒……白遂作礼。"《大正藏》第五十一册，第230页。

一人打伞前行，观世音坐于云气上，此应为雷电难。中下方绘二人将一人推向火炉，火焰上出现莲花，观世音坐于云气上，此应为大火难。余处漫漶难辨。

庙内无题记，据壁画风格和落款推测画面绘制于清中后期的某个癸酉年。

67. 西李门村祖师庙

位于河西镇西李门村，又称真武庙、玄帝庙或西庙。有前后两进院落和后部东侧的小跨院，中轴线上分布大门、二道门、正殿，两侧为耳房和厢房，东跨院有后殿、后门和耳房以及厢房，整体建筑地势由低渐高。2013年被列为晋城市重点文物保护单位。壁画遗存于正殿后壁、西耳房后壁、东厢房中殿后壁、东厢房北殿后壁、西厢房中殿后壁和两侧壁、西厢房北殿后壁、东跨院后殿后壁。

正殿面阔三间，进深四椽，前设檐廊，悬山顶。后壁中部为新绘，两侧遗存壁画，曾刷涂白灰，画面漫漶严重，为仿围屏式，均高195厘米，宽239厘米，现存8扇（原应为12扇），每侧4扇，描绘神话传说中的人物。由左至右第1扇绘二人立于水面木筏上，一人拱手，对面二人袒上身，赤足，显得孔武有力，其中一人右手托举宝珠，另一人仅可辨左手与身躯。推测该画面应绘制《封神演义》中散宜生、晁田取回定风珠渡黄河时，方弼、方相兄弟抢珠的情景。第2扇绘哪吒右手高举乾坤圈，双脚踏风火轮，对面一女将驱马举枪向哪吒冲来（图289）。画面上方中间可辨一跨马提刀的女将。《封神演义》中有高兰英分别与哪吒、邓婵玉交战的情节，据此推测此画面可能将三者打斗描绘在一处。第3扇大面积描绘波涛汹涌的大海，海面上立汉钟离与高举花篮的蓝采和（图290）。第4扇绘水波上的云气中立三女子，其中一人双手舞剑，一人双手持一柄大剪刀，一人持物不明（图291）。一背生双翅、头顶饰白色羽状物的童子手举棍棒形物向女子打来。上方云际上立一右手举鞭的男子。推测该画面描绘破黄河阵的情景，三女子为琼霄、云霄、碧霄三位娘娘，大剪刀是琼霄的金蛟剪，童子为元始天尊座下的白鹤童子，上方举鞭者可能是老子的黄巾力士。第5扇上方绘一长络腮胡须，戴毗卢帽，内披甲胄，外罩袈裟的男子右手举杖，乘云前冲。中部山路上站立一长虬须的男子，右手举鞭，左手拿大剪刀，掉落

图 289　祖师庙正殿后壁第 2 扇（局部）

图 290　祖师庙正殿后壁第 3 扇（局部）

图 291　祖师庙正殿后壁第 4 扇（局部）

在地的鹿头在火中燃烧，一只黑虎奔向鹿头（图 292）。推测该画面表现了燃灯道人骑鹿与赵公明交战，其坐骑的头被赵公明用金蛟剪剪断的情景。第 6 扇绘海面上站立的吕洞宾与何仙姑。第 7 扇绘手举乾坤圈、脚踏风火轮的哪吒正在与一持鞭的男子打斗，上方可辨一骑马者。第 8 扇绘海面上骑驴的张果老，另一人漫漶难辨（图 293）。

后壁现存 8 扇图像，其中第 3、6、8 扇表现八仙，每扇绘两人，当前可见六人，剩余两人可能被中部新绘画面遮蔽。第 1、2、4、5、7 扇绘《封神演义》内容，除第 7 扇内容不明外，其余 4 扇均可依据小说推断所绘内容。

两侧壁刷厚白灰，不知灰层下是否隐藏壁画。两侧山墙为五花山墙，象眼和山花处绘植物纹样，透过残破处可见下层画面。

西耳房后壁绘山水画，画面高 150 厘米，宽 372 厘米，漫漶剥蚀严重。

东厢房中殿后壁遗存壁画，壁面曾刷涂白灰，较漫漶。画面高 258 厘米，宽 559 厘米，为仿围屏式，共 10 扇，间隔表现花鸟与罗汉。由左至右第 1 扇绘蝴蝶、树木和花丛。第 2 扇绘四身罗汉（图 294）。第 3 扇绘寿带鸟立于枝头，两

图 292　祖师庙正殿后壁第 5 扇（局部）

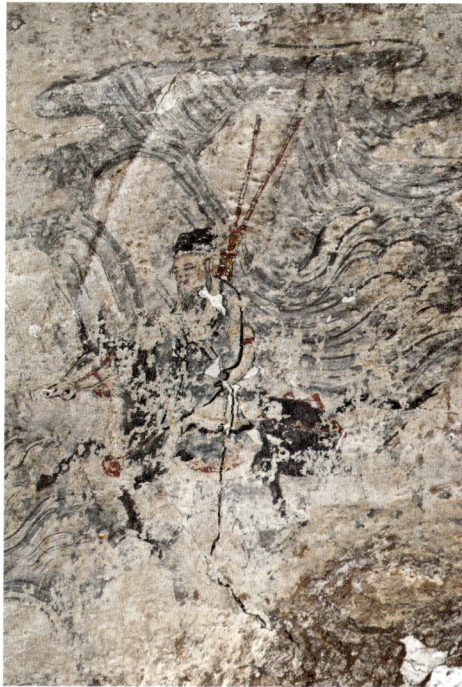

图 293　祖师庙正殿后壁第 8 扇张果老

只蝴蝶飞舞在牡丹花周围。第 4 扇绘一罗汉乘木舟漂浮于水面，岸边立一持禅杖和一合掌的二罗汉（图 295）。第 5 扇绘荷花丛和一鹭鸶。第 6 扇绘一罗汉携杖站立在云气上，四罗汉立于山间。第 7 扇绘凤凰在玉兰花间飞舞，两只蝴蝶在牡丹花间飞舞。第 8 扇绘一罗汉扛杖，脚踩一支芦苇立于水面上（图 296）。下方一罗汉持拂尘，身旁蹲坐一虎，另一罗汉席地而坐，一文士抱书而立（图 297）。第 9 扇绘两只鸟雀栖息在枝头，三只蝴蝶在菊花间飞舞。第 10 扇绘一罗汉看信笺，一罗汉站立，一童子坐地煮茶。

后壁的 5 个屏扇绘十八身罗汉出现在岸边或水面，应为十八罗汉渡海登五台山的内容。后壁将罗汉渡海图与花鸟图相间表现，装饰意味增强，可视作佛教图像民间化的具体实例。相似的题材见于安徽歙县圣僧庵两侧壁遗存的明代十八罗汉图像，[①] 图像为当地人黄柱绘制于明万历六年（1578），左壁描绘九身罗汉在渡海，右壁描绘九身罗汉于山间，右壁存残缺不全的诗文，可见"善根可培，分形二九"和"洋洋乎若漂大海，巍（中缺）登五台"等。[②] 类似图像还见于山西繁峙县宝藏寺观音殿清代壁画，殿内西壁上方南侧绘"五百罗汉过常（长）江"，左上墨书榜题："大海洪波万丈深，罗迦山高上青云。诸天贤圣共团远（圆），东西南北要相逢。"[③]

东厢房北殿后壁中部遗存壁画，画面高 150 厘米，宽 300 厘米，以水墨绘制山水，曾刷涂白灰，漫漶严重。

西厢房中殿后壁和两侧壁遗存壁画，漫漶。后壁画面高 175 厘米，宽 640 厘米，为仿围屏式，共 12 扇，相间排列山水人物和花鸟。由左至右第 1 扇绘两只燕子在柳树旁飞舞。第 2 扇绘一戴风帽，着长袍的文士坐在松下石上，旁为一童子。第 3 扇可辨一丛花卉。第 4 扇可辨一仕女双手捧坛行于山道，旁随一鹿。第 5 扇绘荷花、蜻蜓和鹭鸶。第 6 扇绘一文士正在往岩壁上题写，身旁侍立一童子。第 7 扇为花鸟题材。第 8 扇绘一荷锄的仕女，锄上挂篮，旁随一侍女（图 298）。第 9 扇可辨红叶和喜鹊。第 10 扇绘二农夫在山间行走。第 11 扇绘喜鹊停在梅枝

<hr/>

① 刘颖：《徽州圣僧庵壁画初探》，《韶关学院学报》2014 年第 7 期，124—127 页。

② 周康正：《歙县圣僧庵壁画〈十八罗汉图〉初探》，《黄山学院学报》2013 年第 1 期，第 131 页。

③ 李玉福：《五台山寺庙壁画研究》，人民美术出版社，2017，第 130 页。

图 294　祖师庙东厢房中殿后壁第 2 扇（局部）

图 295　祖师庙东厢房中殿后壁第 4 扇（局部）

图 296　祖师庙东厢房中殿后壁第 8 扇（局部）

图 297　祖师庙东厢房中殿后壁第 8 扇（局部）

上，第 12 扇绘波涛翻滚的水波中一女子似骑在鱼背上。

两侧壁上方外侧各绘一院落，画面高 70 厘米，宽 110 厘米。左壁绘一童子开门，两侧窗中露出童子的头部（图 299）。右壁所绘内容与左壁接近。两侧壁可能描绘儿童在捉迷藏时的情景。

西厢房北殿后壁遗存壁画，绘布雨图，画面高 150 厘米，宽 641 厘米。中部山脉将上方布雨诸神分为左、右两段。右段右上方的天官正在展读文卷（图 300）。中部的龙王骑龙向后转身，左手持笏，右手指向天官，龙王身后立一举羽扇的鬼卒（图 301）。下方的雨师右手抱瓶，左手举拂尘，转头向后注视，身后随一执尺的鬼卒。左上方绘布雨神立于云际，电母双手持圆镜。雷公左手握凿，右手举锤。风婆肩扛风袋，袋口向下（图 302）。后为一骑在兽背上的童子，兽口向外吐出许多小圆形物，应代表冰雹。画面下部绘汹涌的波涛向左延伸至画面左下角的山坡处，中部水面上矗立山峰。左段中部绘乘龙龙王左手抚须髯，低头注视下方的水波，后随一举三角形旗的鬼卒。其下方为雷公和电母，已不见锤、凿和镜。右上方绘已收妥拂尘和风袋的雨师、风婆，鬼卒头生双角，红发，袒上身，左手握尺，向右侧张望，似准备测量雨水深浅。

东跨院后殿正中设塑像，两侧遗存壁画，画面高 248 厘米，宽 709 厘米，乌黑且漫漶剥蚀严重。两侧共绘八身神祇，每侧四身，均附头光，着宽袖长袍，倚坐。左侧第一身为女子，面容丰满，弯眉细眼，顶戴云状花冠，饰耳铛，双手捧笏。第二身神态安详，有五缕长髯，戴冕冠，双手捧笏（图 303）。第三身头部漫漶不明，双手捧笏。第四身具长髯，戴道冠，持弯曲的长条状物，结跏趺坐。右侧四身漫漶严重，可辨第三身有五缕长髯，戴冕冠。此八身应为道教神祇，尊格属性不明。画面底缘题写功德主姓名，左端为"六月初三日题"，年号不明。

庙内现存的碑记多涉及该庙的创建、维修和增建等内容。刊刻于明万历二十四年（1596）的《创建真武庙记》记述了创建该庙的经过及祭拜真武的原因。刊刻于清康熙五十五年（1716）的《重修玄帝庙记》记述了当时该村民风和重修该庙的过程及庙内诸殿名称。刊刻于民国二十六年（1937）的《补修玄帝庙暨增修头大门、东西禅房、东南西南耳房碑记》记述了当时大规模维修各殿，增修大

图 298　祖师庙西厢房中殿后壁第 8 扇（局部）

图 299　祖师庙西厢房中殿左壁

图 300　祖师庙西厢房北殿后壁右段右上方展卷天官

图 301　祖师庙西厢房北殿后壁右段中部龙王

图 302　祖师庙西厢房北殿后壁右段左上方

图 303　祖师庙东跨院后壁左侧第二身神祇

门、门两侧耳房、围墙等事。

根据以上碑记，可知该庙创建于明万历年间，经历清康熙和民国年间两次大规模重修和增建前院。当前各殿所遗存壁画风格不同，正殿脊枋底墨书清道光八年（1828）重修殿宇的榜题，推测正殿壁画可能绘制于清康熙年间或道光年间重修期间。东跨院后殿，即老君殿壁画风格具备明代特点，应绘制于明万历年间。其余各处诸殿壁画风格不同，或许绘制于不同时期，不排除民国补修期间绘制的可能性。

68. 岭坡村三官庙

位于河西镇岭坡村，坐东朝西，现存舞楼、正殿、两耳楼、两侧厢房。正殿和北耳楼的上层遗存壁画。

正殿面阔三间，进深四椽，前设檐廊。殿内的后壁、右壁和前壁残存壁画。后壁画面仅余右半部分，高123厘米，残宽193厘米，中部以墨线绘婴戏图，辅以少量色彩。上方绘三童子燃放爆竹，其中一童子正在点爆竹，二童子捂耳回头观看。其下站立五童子，其中二童子持小棍。最下绘三童子骑竹马，一童子牵绳。

右壁的画面仅残存右下角，可见五名站立的童子。

前壁门窗之间绘送子神张仙，画面残高93厘米，宽58厘米。张仙具五缕长髯，着窄袖长袍，左手持弓，右手捏弹丸，身旁立一托盘童子，盘内盛弹丸（图304）。

由壁面所绘的婴戏图和张仙可知，该殿祭祀主题可能与求子相关，殿名或为高禖祠。

观音阁位于北耳楼二层，该阁倒座，面阔三间，进深两椽，后壁和两侧壁遗存壁画，直接绘制在砖墙表面。后壁画面高177厘米，通宽633厘米，为仿围屏式，共12扇，以浅绛法绘制人物在山水间的活动。由左至右第1扇绘水波中的一座四角亭子，一口中衔筹的鹤展翅立于亭顶（图305）。第2扇上方绘城池下方水面上漂浮一叶扁舟，一举伞男子坐在船头，身后坐一童子。第3扇绘峡谷溪流，上方山峰后有殿宇和塔，殿檐下悬"寒山寺"匾额（图306）。第4扇绘院落内大殿前石桌旁一文士左手持杯，右手握笔写字，桌两侧立捧瓶、坛的二童

图 304　三官庙正殿前壁张仙送子图

图 305　三官庙观音阁后壁第 1 扇

图 306　三官庙观音阁后壁第 2、3 扇

图 307　三官庙观音阁后壁第 4、5 扇

图 308　三官庙观阁后壁第 6、7 扇　　　　图 309　三官庙观音阁后壁第 8、9 扇

子，院阶处的二童子抬坛走进院落。第 5 扇一戴长命锁项圈的童子正挥手驱赶三
只羊（图 307）。第 6 扇绘山水间农家院门外一文士正在叩击门环，另一文士站
于其后，一戴斗笠，挑篮、书、琴的仆从正过木桥。第 7 扇绘一文士坐于山间桥
旁树下一茅舍内，一童子立于屋外向远处眺望（图 308）。第 8 扇上方绘云气中
写有"斗牛宫"三字匾额的阁楼，中部二仕女立于云际向下观望，其中一仕女怀
里抱综①。下方水面漂浮龙形枯木舟，一白猿攀爬在舟尾竖起的树枝上，②舟内坐
一文士，身后放置书匣。第 9 扇绘雪景，一戴风帽，披斗篷的文士正在折岩壁上
的梅枝，两童子各持梅枝立于两侧。下方树旁拴一驴，一童子抄手坐在驴边（图
309）。第 10 扇上方绘峡谷瀑布、房舍小桥，下方一举伞的男子站在道路上，牛

---

① 传统织布机上的构件，用于带动经纱升降以形成梭口。

② 龙形木舟，古人称之为槎。舟尾攀爬的猿为白色，应表示该猿与仙界相关，（西汉）司
马迁《史记》载："自威、宣、燕昭使人入海求蓬莱、方丈、瀛洲……盖尝有至者，诸仙人及
不死之药皆在焉。其物禽兽尽白，而黄金银为宫阙。"画面中槎呈龙形，槎尾顶端生长出绿叶
和桃，均暗示此槎与成仙或长生相关。

背上的牧童戴斗笠，披蓑衣，左手持鞭，转身回首，伸手指向远处的房舍。第 11 扇上方绘建筑，匾额残余"台山"二字，殿前云气中立三女子，其中两女子持羽扇，下方溪水边立提篮和扛锄的二童子，回头向上观看（图 310）。第 12 扇绘大鱼从水波中探出头来，向上吐出一股云气，云顶现亭阁、岩石和树木（图 311）。

后壁第 1 扇描绘海屋添筹。由第 2、3 扇中的"寒山寺"、小船、城池等，推测这两扇应表现唐代张继《枫桥夜泊》中"姑苏城外寒山寺，夜半钟声到客船"的诗意，第 2 扇的风雨环境暗示小船靠岸停泊的原因。第 4 扇可能描绘李白饮酒写诗，体现唐代杜甫《饮中八仙歌》中"李白斗酒诗百篇，长安市上酒家眠"的诗意。第 8 扇中悬"斗牛宫"匾额的建筑应表示天上斗牛宫，明清小说中提及织女住在斗牛宫，[①] 二仕女应为织女。画面下部应表现张骞乘槎，西晋张华的《博物志》载有人乘槎沿天河上溯查访，至斗牛城宫中见到织妇和一牵牛的男子，[②] 南朝梁宗懔撰《荆楚岁时记》载"有人"是张骞。[③] 宋明之际，张骞乘槎的说法已出现在社会生活中，[④] 此图可视为张骞乘槎题材的延续。第 9 扇描绘寻梅图，前述庙宇中的折梅图像均为童子持梅枝，该图则从另一角度表现，绘文士在山中折梅。驴边的童子蹲下笼袖凸显天气寒冷，驴子转头注视此童子，增添了画面的趣味。第 10 扇描绘一举伞者与牛背上的牧童，牧童伸手指向远处的村落，该画面应表现了唐代诗人杜牧的《清明》诗意。第 6、7 扇均为高士图。第 12 扇应为"鱼跃龙门"

① 牛郎织女故事在明代已形成，明万历年间已有刻本《牛郎织女传》。程有庆：《谈北图所藏明版〈牛郎织女传〉》，《文献》1986 年第 3 期，31—33 页。

② "旧说云天河与海通。近世有人居海渚者，年年八月有浮槎去来，不失期，人有奇志，立飞阁于查上，多赍粮，乘槎而去。十余日中犹观星月日辰，自后茫茫忽忽亦不觉昼夜。去十余日，奄至一处，有城郭状，屋舍甚严，遥望宫中多织妇，见一丈夫牵牛渚次饮……后至蜀，问君平，曰：'某年月日有客星犯牵牛宿。'计年月，正是此人到天河时也。"（晋）张华：《博物志校证》，范宁校证，中华书局，1980，第 111 页。

③ "汉武帝令张骞穷河源，乘槎经月而去。至一处，见城郭如官府，室内有一女织，又见一丈夫牵牛饮河……织女取楮机石与骞而还。后至蜀问君平，君平曰：某年月日客星犯牛斗。所得楮机石，为东方朔所识，并其证焉。"（南朝梁）宗懔：《荆楚岁时记》，宋金龙校注，山西人民出版社，1987，第 120 页。楮机石为压稳织机的石块，画面中侍女怀抱综，应是强调其织女身份。

④ 宋明时期的诗中有所体现，如（宋）戴表元《张骞乘槎图》："数尺苦槎底易骑，海风吹浪白弥弥。如今市上君平少，曾到天河也不知。"（明）林鸿《题郑昭甫写〈张骞乘槎图〉》："衮衮黄河天上来，茂陵底事望蓬莱。早知转望乘槎便，虚筑通天百尺台。"

图 310　三官庙观音阁后壁第 10、11 扇

图 311　三官庙观音阁后壁第 12 扇

的变体，与第 1 扇"海屋添筹"相呼应，寓意青年登仕、老年增寿。

左壁画面上方绘两处钉与挂钩，为仿横披式，高 102 厘米，宽 185 厘米，绘从口中喷出一束白光的云中龙（图 312）。右壁画面呈仿中堂式，高 242 厘米，宽 468 厘米，中间绘松树旁的下山虎，两侧墨书对联，左侧上联题"笔点文人幻出云龙风虎"，右侧下联题"斗量才子踵来商辂冯京"（图 313）。联中"文人""才子"与后壁的题材接近，体现乡民希冀当地人才不断涌现。

该庙两殿壁画技法差异很大，应为不同画工或不同时期绘制，依其风格推测绘制于清中后期。

69. 东李门村关帝庙

位于河西镇东李门村，现存院门、正殿、两耳房和两侧厢房。正殿和东厢房内遗存壁画。

正殿面阔三间，进深四椽，前设檐廊。殿内两侧壁曾刷涂白灰，漫漶，壁

图 312　三官庙观音阁左壁

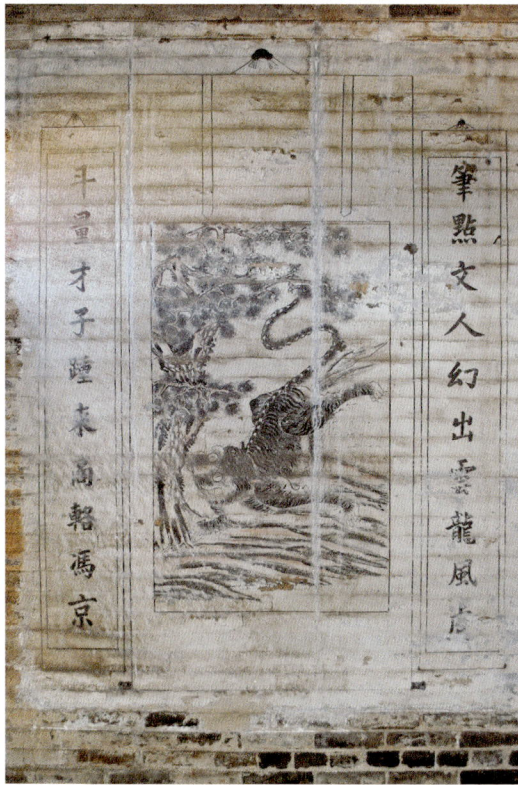

图 313　三官庙观音阁右壁

画均高 349 厘米，宽 423 厘米，绘制关羽故事。东壁左上方绘关羽单刀赴会的画面，画面戏剧感很强（图 314）。营帐外关羽左手紧抓鲁肃的胡须，右手举剑，鲁肃被拉得弯下腰。营帐内并排摆放两张桌椅，桌上置杯、盘等物，帐后隐藏着持刀、枪的士兵，戴盔，披甲，佩剑的吕蒙或甘宁立于营帐旁边，手指关羽，身后立一拿瓶的士兵。关羽右侧站立一人，可能为孙权。右侧绘一艄公撑篙驾小船停靠在岸边。上方中部绘关羽在华容道阻拦曹操的情景，关羽率领周仓和士兵阻挡在道路中间，对面曹操骑在马上与将士一齐向关羽拱手。右上方画面漫漶，可辨关羽纵马举刀，率士兵向前追击，前方二将催马奔逃。左下方绘关羽灞桥挑袍（图 315）。右下方绘古城会，张飞在城上擂鼓，城外的关羽已刀斩蔡阳（图 316）。西壁左上方绘战长沙的画面，左上角韩玄站在城头上，城外关羽提刀纵马向前追赶，黄忠跨马回身弯弓搭箭。右上方绘关羽战庞德，关羽举刀纵马紧追，庞德提刀策马奔逃，两名士兵抬着红棺材在道路上行走。中部绘水淹七军，关羽立在岸边注视水面，身后立一持旗的士兵，二士兵打开拦河闸门放水，持钩的将士在船上巡视河面。左下方绘关羽斩颜良的情节。右下方绘三英战吕布，刘备、关羽、张飞各持双剑、刀、枪追赶吕布（图 317）。两侧壁壁画以重彩精心绘制，个别人物的姿态应参考了戏剧中的形象。

东厢房后壁遗存壁画，为仿围屏式，画面高 320 厘米，宽 720 厘米，共 12 扇，绘开光式图像（图 318、319）。第 1 扇开光为长方形，内题三首诗，落款"嘉庆戊辰（十三年，1808）偶题"。第 2 扇上图开光呈长方形，内绘梅树。中图开光呈扇面形，内题诗。下图开光呈长方形，内绘松石图。第 3 扇上图开光呈长方形，内题诗。中图开光呈长方形，内绘云中龙。下图开光呈圆形，内绘山石树木。第 4 扇上图开光呈长方形，内绘花枝。下左图开光呈长方形，内绘山崖。下右图开光呈树叶形，内绘墨竹。第 5 扇上图开光呈不规则形，所绘内容乌黑难辨。中图绘翻开的书，页面上题草书。下图开光呈长方形，绘两只鸟雀栖息在柳树上。第 6 扇开光呈长方形，题诗两首。第 7 扇上图开光呈扇形，内绘山水小景。中图开光呈长方形，内题诗，落款"冬月"。下图开光呈长方形，内绘一童子抱琴行走在山中的桥上。第 8 扇上图开光呈长方形，内绘荷花和翠鸟。下左图开光呈长方形，内题诗。下右图开光呈椭圆形，内题诗。第 9 扇上图开光大体呈

图 314　关帝庙正殿东壁单刀赴会图

图 315　关帝庙正殿东壁灞桥挑袍图

图 316　关帝庙正殿东壁斩蔡阳图

图 317　关帝庙正殿西壁三英战吕布图

图 318　关帝庙东厢房后壁左段

图 319　关帝庙东厢房后壁右段

椭圆形，漫漶。中图绘手卷，卷上题诗。下图开光呈长方形，绘山水。第10扇上图开光呈长方形，内题诗。下图开光呈不规则形，绘山石、树木。第11扇上图开光呈长方形，内绘山坡、小屋。中图开光呈树叶形，内绘花枝。下图开光呈长方形，内绘石上生出的兰草。第12扇开光呈长方形，内题诗，落款"嘉庆年题，山人"（图320）。诸屏画面书法精妙，画技拙劣，推测画者并非专业的画匠。所存图像与正殿两侧壁的风格差异很大，应不是同一人或同一时期所绘。

东厢房门头板上尚遗存图像，但漫漶严重，似为花卉题材。

后壁残存零星图像，曾被后人描摹补绘，大体与原作相同。从第1、12扇落款可知该壁画绘制于清嘉庆十三年（1808），画者为"山人"。

70. 牛庄村西庙

位于河西镇牛庄村庙岭山坡顶，现存拜殿和正殿。

正殿面阔三间，进深四椽，悬山顶。后壁遗存壁画，直接绘制在砖墙表面，壁面遭熏黑和抹画，漫漶严重，正中下方遗基坛的痕迹，右端墙体开裂（图321）。画面高267厘米，宽705厘米，为仿围屏式，共8扇，两端屏扇折向两侧壁后缘，裙板绘形态各异的团龙纹，屏心处描绘八仙，每屏扇上绘一仙。由左至右第1扇乌黑难辨。第2扇右下方可辨一人坐在石上，伸右手摸向石上放置的小包。第3扇绘铁拐李结半跏趺坐于石上，左臂倚在石座上，右手捏细棒掏左耳。身后立一戴斗笠的童子吹横笛。第4扇绘汉钟离坐在松树下的石上，左手扶膝，右手握芭蕉扇，正在打盹。身后立一肩负花篮的童子（图322）。第5扇绘负剑的吕洞宾坐在岩石上，右手撑扶石座，左手握拂尘搭在左膝上。身后立带桃枝的桃柳妖。第6扇绘张果老坐在松下的石座上，双手抱持渔鼓。身后立一童子，双手握在肩部，似乎背负物品。第7扇下部漫漶严重，主体人物身份难辨，其后立一双手抱物的童子。第8扇绘何仙姑双手托灵芝立于莲花上（图323）。

该殿壁画形体生动，笔墨变化多样，线条流畅，设色雅致，布局恰当，水平较高。由何仙姑弯眉细眼、手指纤细等特点推测该壁画绘于清前期。

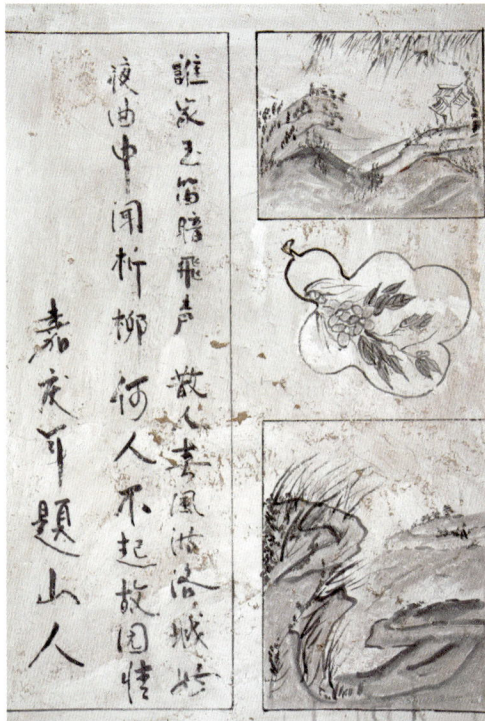

图 320　关帝庙东厢房后壁第 11、12 扇

图 321　西庙正殿后壁

图 322　西庙正殿后壁第 4 扇

图 323　西庙正殿后壁第 8 扇

71. 双井村炎帝庙

位于河西镇双井村，现存院门、正殿、两耳房和两侧厢房。

正殿后壁遗存壁画，前壁门窗上方的檐垫板外面绘图像。后壁画面高 260 厘米，宽 710 厘米，为仿围屏式，共 12 扇。画面背景为近年刷涂的浅黄色，刷涂背景时破坏了原图像的轮廓，大致可辨这 12 扇均绘制花鸟。

檐垫板共分 9 格，其中门上 3 格被匾额遮挡，所绘内容不明，两侧 6 格以水墨绘人物与树木（图 324）。两侧的左格均绘一人与蟾蜍嬉戏，应表现了刘海戏金蟾。两侧的右格内各绘一形体略胖且面带笑容者呈游戏姿态，可能为和合二仙。两侧中格内分别绘制松树和梅枝。

根据建筑样式和壁画风格推测该庙壁画绘制于清中后期。

图 324　炎帝庙檐垫板左侧 3 格

图 325　财神阁外景

72. 双井村财神阁

位于河西镇双井村东峡谷处，财神阁和三义庙两殿并置，下砌拱形洞，坐东朝西（图 325）。两殿均面阔三间，进深四椽，前设檐廊，硬山顶。保存状况不佳。

北殿为财神阁，后壁和两侧壁残存壁画，漫漶严重。后壁画面位于两次间，均高约 110 厘米，宽约 200 厘米，似在方形框内描绘山林中的几人。两侧壁画面均为仿卷轴式，所绘内容漫漶不明。

北殿脊枋底墨书嘉庆十八年（1813）创修的题记，可知该庙建于清嘉庆年间，壁画或许绘制于此时。

73. 东李家庄村三义庙

位于河西镇东李家庄村，现存舞楼、正殿、两耳房和两侧厢房、看楼。

正殿前壁门窗上方的檐垫板上遗存图像，上层 6 格，下层 9 格，保存完整（图 326）。上层中部两格绘群仙。左格左上方绘额头隆起的寿星倚栏而坐，转头观看二鹤对舞。中上方绘一戴风帽、持羽扇的男子，应为禄星，还有一持扇的童子。右下方绘一戴道冠，着长袍，挂帔帛的男子，应为福星，还有分别举扇、捧盘的二童子立于云际。右上方绘负剑，持拂尘的吕洞宾与提花篮的何仙姑，上方云际立桃柳妖。左下方麻姑坐在龙形枯木舟中行于水面，其后卧一狮，舟尾坐一举桃枝的猴子。蓝采和扛锄挑篮行走在河岸边（图 327）。右格左上方绘汉钟离坐在地上，芭蕉扇和云板置于地面，曹国舅立在旁边捧壶而饮。右上方绘和合二仙一坐一立，各持盒与葫芦。左下方绘铁拐李坐地煮茶，对面坐二仙道。右下方绘二人立于水面，一人持笤帚，另一人为刘海，左手握拂尘，注视水中的动物（图 328）。这两格应表现群仙贺寿图。

上层两侧 4 格绘花鸟，左侧左格绘一凤凰立于牡丹丛前的石上，旁题"春发□荣□峰细"。右格绘两只鹭鸶立于荷塘，旁题"夏地莲开香□俱"。右侧左格绘蝴蝶在菊花上飞舞，猫卧于花前石下，抬头注视蝴蝶，旁题"秋菊黄金五色画"。右格上方绘两只喜鹊停落在梅枝上，下方绘两只兔子在花丛前的石上嬉戏，

图 326　三义庙正殿门窗上方檐垫板（局部）

图 327　三义庙正殿檐垫板上层中部左格

图 328 三义庙正殿檐垫板上层中部右格

旁题"□梅雀□枝□□□"。画面上题写以春、夏、秋、冬四字开头的诗句，表现了四季花鸟。

下层9格相间排列八仙、诗句、博古图。由左至右第1格残损较重，可辨一坐于地者和一扛长茎莲花的女子，应为铁拐李与何仙姑。第2格内题写诗句。第3格内绘着道袍，负剑的吕洞宾携顶生柳树的桃柳妖正在前行。第4格为博古图，架上分别放置牡丹花瓶与香炉，其间放置笛与云板。第5格内题"桃园时，兄弟续，汉宫□，□民康"。第6格为博古图，绘悬于架上的钟和放置在架上的荷花等物品。第7格内绘扎双髻，袒腹的汉钟离，身旁为吹横笛的韩湘子，二人立于松下。第8格内题"湘子花篮□仙□，保佑□□长坐酒"。第9格内绘张果老怀抱渔鼓坐于石上，身后立手握云板的曹国舅。

该殿檐垫板上画面中题材多样，寓意吉祥。画面着色较少，形体比例不当，诗句出处不明，可能为画者编写或当时民间流行的俗语。庙内不见关于建筑修造的题记，从建筑样式与绘画风格推测该壁画绘制于清中后期。

74. 西李家庄村三官殿和关帝阁

三官殿位于河西镇西李家庄村，朝向东南，现存院门、舞楼、正殿、两耳房和两侧厢房。正殿和东厢关帝阁内遗存壁画。

正殿面阔三间，进深四椽，前设檐廊，悬山顶。殿内后壁和两侧壁绘制壁画，漫漶严重。后壁画面高 280 厘米，宽 740 厘米，为仿围屏式，共 12 扇，相间描绘博古图与花鸟。仅可辨由左至右第 4 扇为荷花、鹭鸶。第 6 扇绘菊花、奇石，石上立公鸡（图 329），石下绘一只母鸡带五只小鸡觅食。[①] 第 8 扇绘花丛、怪石，一锦鸡单足立于石块上。

两侧壁画面高 190 厘米，宽 380 厘米。仅可辨左壁左上方三人均举兵器，上方头扎双髻，内着甲胄，外披袍，双手举火尖枪的应为哪吒（图 330）。中间额正中生一眼，戴幞头，着甲胄，双手举持长杆兵器的应为杨戬。下方环眼，红色须发，扎裹巾，着甲胄，双手举狼牙棒的应为风林。推测两侧壁表现了《封神演义》的内容。

正殿脊枋底墨书乾隆十七年（1752）重修的题记，揣测该殿壁画为重修时所绘。

关帝阁面阔三间，进深四椽，前设檐廊。殿内后壁和两侧壁遗存壁画，壁面曾刷涂白灰，漫漶，左壁尤重。后壁画面高 165 厘米，宽 545 厘米，为仿挂屏式，共 8 扇，均绘花鸟题材，每扇顶端绘钉与环（图 331）。由左至右第 1 扇绘一锦鸡落在树上。第 2 扇绘树木、牡丹和石块。第 3 扇绘两只丹顶鹤，一只立于松树上，另一只立于树下。第 4 扇绘牡丹和白玉兰花丛。第 5 扇绘一只凤凰展翅立在牡丹花丛前的石块上（图 332）。第 6 扇绘莲叶、荷花，鹭鸶在花下单足而立（图 333）。第 7 扇上方绘寿带鸟立在枝头，两只兔子在菊花丛下嬉戏。第 8 扇绘两只喜鹊停落在梅梢相顾对视，下方为月季花丛。画面右上方题款"大清同治六年（1867）重阳日，土地福山靳群房写意"。

两侧壁绘与关羽相关的故事，画面高 165 厘米，宽 294 厘米。左壁绘古城会，可辨张飞在城上擂鼓（图 334），余处漫漶不明。右下方绘关羽灞桥挑袍。右

---

① 五只小鸡指"五子"，公鸡立于石上应取"高升"之意，希望后辈前程远大。

图 329　三官殿正殿后壁第 6 扇石上公鸡

图 330　三官殿正殿左壁哪吒

图 331　关帝阁后壁（局部）

图 332　关帝阁后壁第 5 扇

图 333　关帝阁后壁第 6 扇

图334　关帝阁左壁张飞擂鼓

壁较清晰，以中部山梁为界，分为左、右两个画面。左侧绘关羽战长沙，韩玄坐在城上的令旗下，身旁立一侍卫官（图335），城下的黄忠骑马挽弓搭箭回身欲射（图336），关羽纵马横刀紧跟其后，马后为一挥旗的士兵。右侧绘三英战吕布，吕布催马持戟在前面奔跑，后随刘备、关羽、张飞各持武器驱驰。

后壁和两侧壁画面描绘方式相同，均线条纤细，着色浓重，较多使用分染和晕染技法，应为同一画者绘制。由后壁第8扇右上方的落款可知，该殿壁画绘制于清同治六年（1867），画者名为靳群房。庙内刊刻于咸丰三年（1853）的《补修创修碑记序》记载了道光二十四年（1844）至三十年（1850）修建阁台，咸丰年间大规模扩建庙宇等事，碑记中的"阁台"应指关帝阁。

75. 董家村西庙

位于米山镇董家村，坐西朝东，现存舞楼、正殿、两耳房、南侧厢房。现舞楼改作饭店，院内种植蔬菜。

正殿面阔三间，进深四椽，前设檐廊，殿内后壁和两侧壁遗存壁画。后

图 335　关帝阁右壁韩玄观战

图 336　关帝阁右壁黄忠射箭

图 337　西庙正殿后壁（局部）

壁表层开裂，画面为仿围屏式，高 280 厘米，宽 858 厘米，共 12 扇，裙板绘团龙纹，屏心处相间绘花鸟与人物山水（图 337）。由左至右第 1 扇绘一文士乘马停在断桥边，左手握缰绳，右手指向远处，马后有一挑担童子。远处柳树下，一戴斗笠的艄公撑船向断桥而来（图 338）。该画面与宋代徐俯所作《春游湖》中"春雨断桥人不度，小舟撑出柳阴来"的诗意接近。第 2 扇绘树木与花石，两只蝴蝶在花上飞舞，两只鹌鹑在石下对视。第 3 扇绘树下三文士坐在蒲团上饮茶，旁边立一倒茶的童子，下方坐一煮茶的童子（图 339）。第 4 扇绘两只燕子在柳树桃花间飞舞。第 5 扇绘松树下二文士坐在石桌两侧下棋，旁边立一戴斗笠的樵夫，双手环抱，腰后插斧头，正在观棋，一担柴置于树旁（图 340）。画面内容与宋代赵湘所作《游烂柯山》中"仙人与王质，相会偶多时。落日千年事，空山一局棋"的诗意接近，表现了烂柯山的传说。[①]第 6 扇绘菊花丛和漏石。第 7 扇绘两只鸟栖息在树枝上。第 8 扇绘水榭中一文士手执羽扇倚栏而坐，俯

---

① 烂柯山的传说故事较多，内容大同小异。如（南朝梁）任昉撰《述异记》中载："信安郡石室山。晋时王质伐木至，见童子数人，棋而歌，质因听之。童子以一物与质，如枣核，质含之，不觉饥，俄顷，童子谓曰：'何不去？'质起，视斧柯尽烂。既归，无复时人。"

图 338　西庙正殿后壁第 1 扇

图 339　西庙正殿后壁第 3 扇

图 340　西庙正殿后壁第 5 扇

图 341　西庙正殿后壁第 8 扇

视盛开荷花的水塘，一童子捧壶站在旁边，一童子捧内插荷花的瓶子（图 341）。第 9 扇绘两只喜鹊，二鸟相顾和鸣。第 10 扇绘一艄公正在撑船，一文士坐在船头弹琴，一樵夫坐在岸边山崖下，柴担置于地面（图 342）。第 11 扇绘一喜鹊停在梅树上。第 12 扇绘雪景，一戴风帽的文士骑驴行走在山道上，后随一扛梅枝的童子。

两侧壁绘座屏，画面高 215 厘米，宽 223 厘米，漫漶。北壁曾设门将壁面打破，画面右下角残缺，屏心右侧绘山崖和松树，左侧绘红色的大龙，从口中发出光束罩住小龙（图 343）。南壁右侧绘山石、松树，松下一下山虎眼望左下角，左下角漫漶处可辨一小虎（图 344）。两侧壁画面体现教子的内涵，有望子成龙、成虎之意。两侧山墙上方绘影梁，象眼处绘龙纹，山花处绘植物纹样，后壁檐垫板处绘龙纹。

庙内无殿宇修建相关的题记，据建筑样式和壁画风格推测该壁画绘制于清中后期。

76. 孝义村三教堂地藏殿

位于米山镇孝义村。前后两进院落，现存舞楼（含山门）、二门、中殿与两耳房、后殿与两耳房以及前后院的两侧厢房。其中后殿及其两耳房内遗存壁画，但后殿和西耳房内壁画漫漶严重，难以辨识。东耳房为地藏殿，壁画较为清晰。

地藏殿面阔三间，进深四椽。殿内后壁遗存壁画，画面分为 3 段，高 215 厘米，通宽 1313 厘米。中段位于基坛正中塑像的背光两侧，绘四身仕女，其中两身附头光，包髻，披云肩，挎帔帛，着宽袖长衫，下着裙，双手托卷轴。另两身双手持幡（图 345、346）。左、右两段均为仿围屏式，各 8 扇，中间 3 扇位于后壁，两侧 5 扇折向两侧壁。画面被白灰遮盖，透过灰层依稀可辨虎、荷花、喜鹊、艄公等。

殿内前壁和右壁遗存墨书榜题，可惜漫漶难读，可辨个别功德主姓名。壁画绘制精美，中段仕女形象有明代绘画特点，推测该殿壁画绘制于清代初期至中期。庙内刊刻于清嘉庆二十一年（1816）的碑考证该庙遗存一龛石佛的年代，同

图 342　西庙正殿后壁第 10 扇

图 343　西庙正殿北壁

图 344　西庙正殿南壁

图 345　三教堂地藏殿后壁中段左侧仕女

图 346　三教堂地藏殿后壁中段右侧仕女

图 347   结义庙后壁灞桥挑袍图

时记载置佛座、供具之事。[①]

77. 孝义村结义庙

位于米山镇孝义村西南侧，仅存正殿和两侧耳楼，坐西朝东。正殿面阔三间，进深五椽，硬山顶，殿内遗存壁画。

壁画绘制在殿内的后壁和两侧壁，曾被白灰刷涂，漫漶严重。后壁画面为仿座屏式，高约 220 厘米，宽约 680 厘米，裙板绘龙纹，上方画面分组绘制与关羽相关的故事。左侧可能为关羽斩蔡阳的画面。中部绘三英战吕布。右侧绘关羽灞桥挑袍（图 347），壁面右上方绘一小船，船头处可见一艄公的腿部，岸边可辨三人的下半身，一人着甲胄，两人着长袍，应表现了关羽单刀赴会的场面。

[①] 碑记载："本庙旧有石佛一龛，不知创于何时。阅其所志之年号，则上字已损，下惟存一'封'字。按古之以'封'字号者，惟唐高宗。高宗以庚戌改元，在位三十四年，十七年改元乾封。乾封三年，岁次戊辰，与缺字下之'封三年岁在戊辰'相合，岂即唐时所造乎……吾乡同姓公起追述先宗之意，因而合姓同心，捐此共成佛座一石，又施殿前石几一，设大小铁鼎二口，永为奉神之具。"

两侧壁以水墨画法绘龙虎图,画面均高约110厘米,宽约220厘米。其中墨虎图遗存状况较佳。

脊枋底墨书乾隆五十年(1785)创建西正殿和南北角楼的题记,据此推测该殿壁画绘制于乾隆年间殿宇建造之时。

78. 石嘴头村关帝殿

位于米山镇石嘴头村,现存舞楼、正殿、两耳房、两侧厢房以及舞楼西侧的阁楼。阁楼右侧的殿宇为关帝殿,殿内遗存塑像和壁画。

关帝殿面阔三间,进深四椽,前设檐廊。殿内后壁和两侧壁前砌基坛,坛上共有五身塑像。后壁基坛正中塑关羽像,头戴冕冠,着广袖长袍,双手捧笏,倚坐在方形座上,其中流、须、笏为实物拼贴而成。两侧各立一胁侍童子,左侧童子双手捧印,右侧童子所捧之物缺失。东壁基坛上塑关平像,戴盔披甲,左手按膝,右手抚胸,坐在方形束腰座上望向关羽。西壁基坛上塑周仓像,具络腮胡须,头戴包巾,披甲胄,双手按在大腿上,坐于方形束腰座上目视关羽。

后壁和两侧壁遗存壁画,后壁正中为仿座屏式,画面高180厘米,宽248厘米,上部残损,下部绘制高士图,高士均衣裳宽松,具有魏晋风度。左侧绘五人,其中三人围坐于树下桌旁,一人注视棋盘陷入沉思,一童子立于其身后,一人悠闲地掏耳,一持羽扇观棋者似向远处呼唤,另一童子在扇炉煮茶(图348)。右侧绘松树下一文士持杖前行,一文士伸左手指向持羽扇观棋者,后随一背负书的童子。

后壁左、右两段和两侧壁画面高180厘米,绘开光式图像。后壁左、右两段均宽204厘米,所绘开光图像分三列,每列三图。左段左列上图为圆形内绘折枝石榴。中图开光呈方形,内题诗。下图开光呈方形,内绘牡丹花枝。中列上图绘二折页,左页以草书题诗,落款"山人书"。右页绘庭院小景。中图开光呈树叶形,内绘一丛荷花。下图开光呈扇面形,内绘寒鸦、梅枝。右列上图开光呈八边形,内绘二文士立于庭院内,一文士披斗篷,提灯笼,另一文士拱手。中图开光呈方形,内绘山坡、平湖、枯树(图349),右上方题柳公权书谏的典故,落款

图 348　关帝殿后壁中部

图 349　关帝殿后壁左段右列中图

"逸□写"。下图开光呈方形，内题诗句，落款"山人"。右段左列上图开光呈展开的卷轴形，内绘一鸟雀飞向花枝，落款"青书"。中图开光呈葵花形，内题诗句。下图开光呈方形，可辨文士携童子游山玩水。中列上图开光呈扇面形，内绘一文士伸手而立，前方一童子双手捧菊，后立一童子，左侧一文士挂杖后顾。中图开光呈扇面形，内绘山水间的村落（图350）。下图开光呈方形，内题苏轼论书法，落款"时丙辰冬月，善国"。右列上图开光呈葵花形，内绘山水小景。右图开光呈方形，内以草书题诗。下图开光呈树叶形，内绘山中庭院里一人立于室内向外观望。

东壁绘13方开光图像，分5列，其中塑像基坛上方两列为两图，其余3列均为三图（图351）。由左至右第1列上图开光呈树叶形，内以草书题诗，落款"丙辰冬月，□人"。中图开光呈圆形，内绘折枝牡丹。下图开光呈长方形，绘柳树下的一文士和二童子，文士似抱琵琶前行，二童子抬炉跟随。第2列上图开光呈长方形，内绘墨竹，落款"拙笔"。下图开光呈葵花形，内题诗句。第3列上图开光呈长方形，内绘二文士在山道上交谈前行，前方一童子提灯引路，后方一童

图350 关帝殿后壁右段中列中图

图 351　关帝殿东壁

子抱琴跟随。下图开光呈长方形，内绘松树下的茅草亭和空中的鸟雀，题诗并落款"逸写"。第 4 列上图开光呈荷叶形，内以草书题诗两首，落款"醉笔"。中图绘两张展开的书页，左页绘折枝牡丹，右页绘两瓶，瓶中分别插孔雀羽和珊瑚。下图开光呈荷叶形，内绘博古图。第 5 列上图开光呈方形，内绘三只鹤立于松树旁。中图开光呈扇面形，内以草书题写文字。下图开光呈长方形，内绘一丛牡丹。

西壁绘 12 方开光图像，分 5 列，从左至右第 1、3、4 列为两图，第 2、5 列为 3图（图 352）。第 1 列上图开光呈荷叶形，内绘折枝佛手花。下图开光呈长方形，内题词，落款"时丙辰□冬偶录，善国"。第 2 列上图开光呈树叶形，内题诗。中图开光呈书页形，绘二男子正在追赶二男子，一文士立在门口伸手指点。下图开光呈长方形，内绘菊花兰草。第 3 列上图开光呈正方形，内绘二渔夫携渔具在岸边行走，空中飞翔二雁。下图开光呈圆形，内绘折枝桃花。第 4 列上图开光呈长方形，内题诗两首。中图开光呈半展开的卷轴形，内绘松枝，落款"手书"。第 5 列上图开光呈长方形，内绘折枝牡丹，并题诗句，落款"逸人留"。中图开

图 352　关帝殿西壁

光呈柿蒂形，内题词，落款"樵署"。下图开光呈正方形，内绘山林村落之中一拄杖者站在山坡旁的木桥上，望向水面上的小舟。

　　殿内脊枋底墨书清嘉庆元年（1796）创修北阁六间的题记，舞楼脊枋底墨书同治十二年（1873）重修舞楼七间的题记。后壁顶悬光绪二十七年（1901）施主捐献的"忠义千秋"匾。庙内存刊刻于乾隆四十七年（1782）的《石嘴头村重修三教堂碑记》、嘉庆十三年（1808）的重修碑和光绪二十年（1894）的《重修三教堂碑记》。据此可知，该庙名三教堂，于清乾隆、嘉庆、同治、光绪年间历多次重修。在嘉庆元年创建位于庙院右前角的阁楼，即关帝殿，壁画应绘制于此时，图像中含"时丙辰□冬"的落款，嘉庆元年即丙辰年，可进一步证实该殿壁画绘制于嘉庆元年。图像和题诗词充满人文气息，所绘人物形象拙劣，山水画技巧平庸，竹、兰等植物绘制水平较高，结合"拙笔""逸写""醉笔""山人""善国"等落款，推测该殿画者为"善国"，画者平时应擅长书写而少于绘画。

79. 东善村三官庙

位于米山镇东善村西侧的小山包顶，现存舞楼、正殿、两耳房和两侧厢房。其中正殿和东西耳房内遗存壁画。

正殿面阔三间，进深四椽，前设檐廊，悬山顶。殿内后壁和两侧壁遗存壁画，后壁画面高 292 厘米，宽 865 厘米，为仿围屏式，共 12 扇，描绘开光图像，曾刷涂白灰，漫漶（图 353）。由左至右第 1 扇上图开光呈扇面形，内题诗两首，落款"戊午秋日写"。中图开光呈方形，内绘一鹿立于树下，树叶旁飞着蝙蝠，"蝠""鹿"谐音福禄。下图开光呈菱花形，内绘墨葡萄。第 2 扇上左图开光呈方形，内绘竹石图。上右图绘瘦石、花枝。下图开光呈长方形，内绘文士在山中活动，下方一拄杖者正欲过石桥，后随一肩挑酒罐、食盒的童子，中部一持杖者带一抱琴的童子走在山道中，上方崖顶殿宇寺塔后的松树下坐二人（图 354）。第 3 扇上图内题诗，落款"中秋前夕日偶觅书叶"。中上图开光呈方形，内绘瘦石、牡丹。中下图开光呈扇面形，内绘山崖水榭小景。下左图开光呈蒲扇形，内绘墨竹。下右图开光呈方形，内绘枯梅枝。第 4 扇上图开光呈长方形，内绘器具。中左图开光呈长方形，内绘菊花。中右上图开光呈葵花形，内题诗，落款"松居"。中右下图绘松树形敞口杯（图 355）。下图开光呈方形，内绘一只寿带鸟停在迎春花枝头。第 5 扇上图开光呈长方形，内绘云山树木之中，一文士坐在树下的桌旁观赏罗汉图，周围有端茶、挑画、抬坛的童子（图 356）。下图开光呈荷叶形，内以隶书题诗三首，落款"午秋写于易竹堂中"。第 6 扇上左图开光呈树叶形，内斜垂石榴枝。上右图开光呈长方形，绘三只喜鹊停在梅枝上，俯仰和鸣。中图开光呈扇面形，题诗两首，落款可辨"戊午秋日偶写于□□李□"。下图开光呈菱花形，内绘石崖树木小景。

第 7 扇上图开光呈菱花形，内题诗两首，落款可辨"□□□四日写，萧□"。中图开光呈长方形，绘两只寿带鸟落于迎春花枝上，石后有牡丹花丛。下左图开光呈长方形，内墨绘兰。下右图开光呈蒲扇形，内绘墨竹。第 8 扇上图开光呈长方形，内绘一文士持笔在石壁上题写，旁立一捧墨的童子，后方立三者观看，旁边一童子躬身捧琴（图 357）。下图开光呈荷叶形，内题诗两首，可见荷花与莲

图 353 三官庙正殿后壁（局部）

图 354 三官庙正殿后壁第 2 扇下图

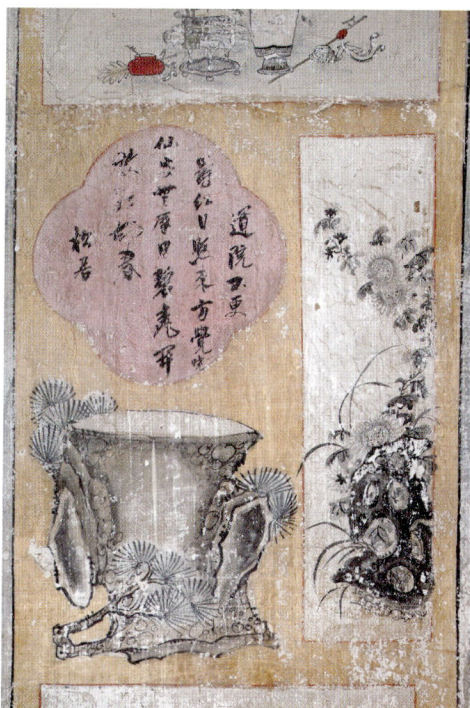

图 355 三官庙正殿后壁第 4 扇中部图

图 356　三官庙正殿后壁第 5 扇上图

图 357　三官庙正殿后壁第 8 扇上图

图 358　三官庙正殿后壁第 9 扇中上图

茎，落款"平□子题"。第9扇上图开光呈扇面形，内墨书文字，漫漶剥蚀较重，落款可辨"警语"字样，内容应为警言。[1]中上图开光呈展开的卷轴形，内绘持杖、扫帚的和合二仙立于树下，观看空中的蝙蝠，扫帚头上趴伏一蟾蜍（图358）。中下图绘竹节形笔筒。下图开光呈方形，内绘博古图。

第10扇上图开光呈方形，内绘牡丹、瘦石。中图开光呈菱花形，内以篆书题诗，落款"□碧荷"。下左图开光呈树叶形，内墨绘兰。下右图开光呈方形，内绘墨竹。第11扇上图开光呈方形，内绘梅竹图。中左图开光呈葵花形，内题诗句，落款"午秋，百拙子呈"。中右图绘白石。下图开光呈方形，内绘一小船漂浮在水面，二文士在船内对坐交谈，一戴斗笠，披蓑衣的艄公立在船尾（图359）。第12扇上图绘一丹顶鹤单足立于松树根上，树旁生灵芝，含松鹤延年之意。中图开光呈菱花形，内题诗词，落款"仲秋望日写"。下图开光呈树叶形，内绘水墨花枝。

两侧壁画面为仿卷轴式，均高324厘米，宽123厘米，墨绘苍龙教子图。东壁绘大龙由水面冲出，张口吐出一束光，光内有一火焰珠，龙身旁可见小龙的头部。西壁绘大龙腾于云际，向下张望，小龙正从下方水面跃出（图360）。

东耳房面阔三间，进深四椽，前设檐廊，悬山顶，殿内后壁和两侧壁遗存壁画。

后壁正中画面高234厘米，宽234厘米，为仿围屏式，可见4扇画面，相间绘花鸟与山水（图361）。由左至右第1扇绘秀石挺立水面，石后为荷花和芦苇，一寿带鸟站在芦苇上转头后视，似在张口鸣叫。第2扇上方绘水岸山崖下一樵夫扛柴下山，中部绘二文士立于桃树旁，一文士伸右手指向上方，另一文士扛包裹。第3扇上方绘两只红色鸟雀停在枝头，下方一树干上立一鸟，外形似鹤，但冠和尾很长，应为传说中的鸱。[2]第4扇绘山崖下的两处水榭，一文士倚栏而坐，

---

① 经辨识，此处先列举董仲舒、诸葛亮、范仲淹的名言警句，后文多用反问句式，大体在告诫晚辈孝悌安居的重要性，以"呜呼，痛哉，而小子可不慎哉！"收尾。

② 《山海经·北山经》载："蔓联之山，有鸟焉，群居而朋飞，其毛如雌雉，名曰鸰，其鸣自呼，食之已风……吴任臣按：'鸰，疑即鸰鹖也，一名鹍。顶有红毛如冠，翠鬣丹嘴，颇似雉。'《尔雅·释鸟》：'鹍鸰鹖。注：似凫，脚高，毛冠，江东人家养之以厌火灾。'"马昌仪：《古本山海经图说》，山东画报出版社，2001，第204页。

图 359　三官庙正殿后壁第 11 扇下图

图 360　三官庙正殿西壁

图361　三官庙东耳房后壁

另一文士拄杖行于石桥上，后随一抱琴的童子。

　　两侧壁画面为仿卷轴式，高277厘米，宽108厘米，顶缘绘钉与系绳。东壁绘送子神祇与婴戏图，上方四神祇均附头光，正中为一对男女神祇（图362）。男性神祇具五缕长髯，戴硬脚幞头，着圆领长袍，左手抱笏，右手握腰带。女性神祇髻前饰凤钗，披云肩，着长衫，双手捧笏于胸前。另两身女性神祇分别执扇，托盘。桌上置香炉、瓶、杯盘等供品，桌前地面置盆，内盛珊瑚、银锭、如意等杂宝，散发光芒。盆两侧各绘一侍女结半跏趺坐于石座上，左侧侍女抱一婴儿，右侧侍女前后各携一孩童。下方为婴戏图，正中表现五子夺魁，一子高举缨盔，四子争夺。左侧立一着红袍的男子，双手托盘，盘内置面果子，周围绕嬉戏的五子。右侧立一包髻，着长衫的女子，右手抱一子，左手牵一子，前后二子在嬉戏。左下二子玩摔跤游戏，表示"武"。右下二子模仿状元及第，一子骑竹马，一子举杆，象征"文"。该画面表现送子内容，正位神祇可能为伏羲、女娲或东王公、西王母。西壁绘张仙送子，张仙弯弓瞄向上方云中的黑狗。身前立二童子，分别捧钵与册，身后立一持戟的童子（图363）。两侧壁均表现送子题材，

图 362　三官庙东耳房东壁

图 363　三官庙东耳房西壁张仙送子图

体现民众求子添福的愿望。

　　西耳房面阔三间，进深四椽。殿内后壁遗存壁画，画面高 238 厘米，宽 700 厘米，为仿围屏式，共 10 扇，除两端屏扇外，其余为开光式图像（图 364）。由左至右第 1 扇绘墨葡萄。第 2 扇上图开光呈长方形，绘二文士坐在河岸松下交谈，其中一人手指对岸的殿宇（图 365）。中图开光呈葵花形，内题诗，落款"和靖观梅图"。下左上图开光呈花瓣形，内绘两只蝴蝶。下左下图开光呈长方形，内题诗，落款"仲秋日写"。下右图开光呈长方形，内绘竹石图。第 3 扇上图开光呈扇面形，内题诗，落款"戊午中秋前五日偶笔"。中图开光呈长方形，内绘菊花（图 366）。下图开光呈葵花形，内绘白菜。第 4 扇上图开光呈长方形，内绘二女子泛舟于荷塘，一女子倚栏观望（图 367）。下图开光呈展开的卷轴形，内以篆书题诗，落款"读书□□"。第 5 扇上图开光呈菱花形，内题诗。中图开光呈长方形，绘挑担的二人出城楼门，欲至桥上。下图开光呈扇面形，内墨绘梅、竹石。第 6 扇上图开光呈长方形，内绘牡丹、瘦石。下图开光呈荷叶形，内题诗。第 7 扇上图开光呈葵花形，内题诗，落款"中秋书，□溪图"。中图开光

图 364　三官庙西耳房后壁（局部）

图 365　三官庙西耳房后壁第 2 扇上图

图 366 三官庙西耳房后壁第 3 扇中图

图 367 三官庙西耳房后壁第 4 扇上图

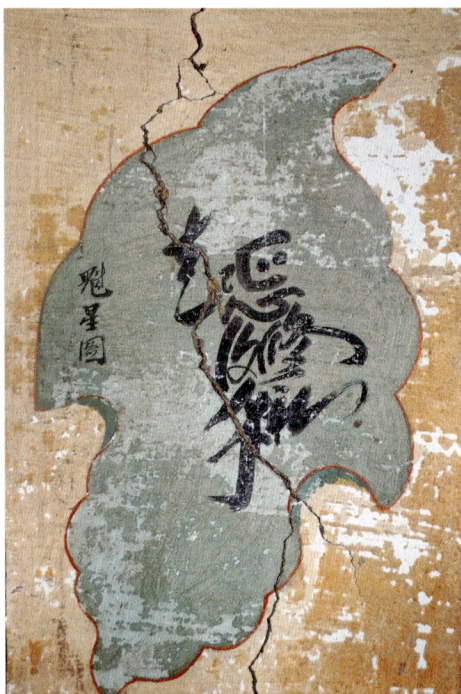

图 368 三官庙西耳房后壁第 7 扇下右图

图 369 三官庙西耳房后壁第 9 扇上图

呈长方形，内绘松枝。下左图开光呈长方形，内绘二渔夫扛鱼竿沿途而行。下右图开光呈树叶形，以"正心修身，克己复礼"八字表示魁星踢斗，[①]似鬼魅抬臂举足（图368），右侧题"魁星图"。第8扇上图开光呈扇面形，内以楷书题八首诗，分别描述琴、棋、书、画、渔、樵、耕、牧。中图开光呈菱花形，内绘山水小景。下图开光呈长方形，内绘竹石图。第9扇上图开光呈长方形，内绘一人躺于小船上，手扶一童子站在其身上（图369）。下图开光呈圆形，内题诗，落款"戊午□□录□石铭□名氏"。第10扇墨绘梅花。

正殿前壁门西侧榜题框内存四处墨书题记，记述零乱，分别为康熙年间创立某、乾隆年间开光、民国期间植树及孝义村民施舍建屋脊的随笔。门东侧榜题框内存记名和乾隆年间记事等两条记录。正殿脊枋底墨书光绪九年（1883）"重瓦正殿三间"的题记，东厢房脊枋可辨光绪十七年（1891）补修的题记，戏楼脊枋底遗存补修题记。根据以上题记可知，该庙在清康熙年间已经存在，乾隆、光绪年间进行重修和补修。正殿和西耳房后壁个别题诗落款"戊午"，正壁门侧存乾隆三年（1738）的题记："乾隆叁年□□□□戊午拾月十五日，工完开光，吉。"据此推测，该殿壁画应绘制于乾隆三年。

80. 东善村关帝庙

位于米山镇东善村内，单体建筑，坐西朝东。殿宇面阔三间，进深四椽，前设檐廊，硬山顶。

---

① 清初学者顾炎武在《日知录》中记载当时的魁星图像，并考证了"魁"字："魁。今人所奉魁星，不知始自何年。以奎为文章之府，故立庙祀之。乃不能像奎，而改'奎'为'魁'，又不能像魁，而取之字形，为鬼举足而起其斗。不知奎为北方玄武七宿之一，魁为北斗之第一星，所主不同，而二字之音亦异。今以文而祀，乃不于奎而于魁，宜乎今之应试而获中者，皆不识字之人与？又今人以榜前五名为五魁。《汉书·酷吏传》：'所置皆其魁宿。'《游侠传》：'闾里之侠，原涉为魁。'师古曰：'魁者，斗之所用盛，而构之本也。'故言根本者皆云魁。《说文》：'魁，羹斗也。'赵宦光曰：'斗首曰魁，因借凡首皆谓之魁。其见于经者，《书·胤征》之'歼厥渠魁'，《记·曲礼》之"不为魁，主人能，则执兵而陪其后"。'然则五魁之名，岂佳语哉！或曰里有里魁，市有市魁，皆长帅之意，要非雅俊之目。"（清）顾炎武：《日知录校注》，陈垣校注，安徽大学出版社，2007，第1872—1873页。

殿内后壁和两侧壁遗存壁画,后壁画面高 180 厘米,宽 200 厘米,漫漶严重。后壁下部正中残留基坛痕迹,壁面中部为仿折起的 8 扇围屏,可见 4 扇。由左至右第 4 扇可辨二男子立在楼阁顶向空中拱手,空中可见寿星携一鹿。中部可辨一男子对着岩石拱手,下方可辨一人拄杖前行,后随一扛行李者。第 2 扇上方绘殿宇内二女子倚栏向外观望,殿外可辨二人策马奔跑(图 370)。第 3 扇可辨三男子围坐在庭院内的桌旁,两童子立在两侧正在往灯上装灯罩,下方有一煮茶的童子。

两侧壁画面高 240 厘米,宽 330 厘米,绘与关羽相关的故事。北壁漫漶严重,仅右下方可见灞桥挑袍的画面。南壁左上方绘古城会的画面。右上方可见一男子坐于茅亭内,亭外可辨一人的头部,院外可见三人,可能描绘了三顾茅庐的画面。

脊枋底墨书光绪十六年(1890)重修关帝庙三间的题记,可知该庙于光绪年间曾经重修,据此推测壁画绘制于此时。

81. 后河村觉正寺

位于米山镇后河村,现存院门、正殿、两耳房和两侧厢房。正殿内遗存壁画。

正殿面阔三间,进深四椽,前设檐廊,殿内后壁和两侧壁遗存壁画,漫漶。后壁正中为造像背景,无壁画。两侧存壁画,画面高 210 厘米,宽 606 厘米,为仿围屏式,共 10 扇,屏边框为新刷的油漆,屏心内为原图像。由左至右第 1 扇以高山流云为背景,绘一长眉长须者,戴树叶状小冠,着交领长袍,腰围兽皮,束布带,悬葫芦,右手捏指,左手握住肩上的桃枝,呈急走状(图 371)。该画面应表现了东方朔偷桃,[①] 为长寿题材。

---

① "东郡送一短人,长七寸,衣冠具足。上疑其山精,常令在案上行,召东方朔问。朔至,呼短人曰:'巨灵,汝何忽叛来,阿母还未?'短人不对,因指朔谓上曰:'王母种桃,三千年一作子,此儿不良,已三过偷之矣,遂失王母意,故被谪来此。'上大惊,始知朔非世中人。"王根林等校点:《汉魏六朝笔记小说大观》,上海古籍出版社,1999,第 173 页。"吴伟在山水画、人物画方面具有多方面的修养和天赋,尤其在人物画方面,更是具有精湛的绘画造诣……吴伟常常结合白描以及写意的笔法进行人物画创作,创造出一系列杰出的人物画作品,其中《东方朔偷桃图》即是具有写意特色的人物画杰作。"赵启斌主编《中国历代绘画鉴赏》,商务印书馆,2013,第 630—631 页。吴伟绘《东方朔偷桃图》现藏美国马萨诸塞州美术馆,描绘东方朔抱桃急走,与觉正寺人物形象接近。

图 370　关帝庙后壁第 2 扇（局部）

图 371　觉正寺正殿后壁第 1 扇

图 372　觉正寺正殿后壁第 2 扇

第 2 扇绘高山峡谷中，一僧人手持拂尘坐在树上向下观看。树下立一戴硬脚幞头，着圆领长袍的官员向树上僧人拱手。右下方一骑马的男子抬头注视僧人，二男子身后均有一持扇的侍从（图 372）。僧人应为鸟窠禅师，树下拱手的官员应为白居易，此画面应描绘鸟窠禅师向白居易指点迷津的内容。

第 3 扇下方描绘殿堂内供奉一多臂，女相，结跏趺坐的神祇。殿前立一戴无脚幞头，着圆领袍的官员，向殿内神祇拱手，其身后立二双手举节的侍从（图 373）。殿内神祇形象近似摩利支天，《佛祖统纪》载李珏遇祸，受人指点念诵"摩利支天菩萨"以避杀身之难的故事。① 由此推测该图像表现的应是李珏敬奉摩利支天菩萨。与典籍中记述的李珏"念""颂持"及向"虚空"拜等行为有所不同，画面中摩利支天菩萨位于殿内，或许画者对故事的理解有偏差。

第 4 扇绘山林中，一戴箍、胡须零乱的头陀裂裟不整，袒露胸腹，坐在洞外石上，转头侧视。其面前绘一男子，大体可辨呈单膝跪地状，手中似乎持圆形物。画面下方立二人，其身后停放一轿《宋高僧传》中有李泌拜见明瓒的故事，② 与画面所绘内容接近。

第 5 扇绘一僧人结跏趺坐在殿堂内，两侧立二僧人。殿外地面上盘着一条蛇，蛇旁立一戴乌纱冠，着圆领长袍的帝王向僧人弯腰拱手，周围立三身侍者

① （宋）志磐撰《佛祖统纪》卷四十七《法运通塞志》载："（宋高宗建炎）二年三月，唐州泌阳尉李珏遇北虏入寇，挟一仆单骑走。夜匿道旁空舍，闻车过声，遣仆问唐州贼何在。见车中人长丈余面蓝色，惊而返。珏即乘马追及之，前致敬曰：'珏避寇至此，敢问车中何所载。'其人曰：'此京西遭劫死人名字，天曹定籍，汝是李珏，亦其数也。'珏大怖告曰：'何法可免，愿赐指教。'人曰：'能旦旦念摩利支天菩萨七百遍，向虚空回向天曹圣贤，则死籍可销，可免兵戈之厄。'珏方拜谢，驾车者疾驰而去。自是不辍诵持，转以教人，皆得免难。述曰：摩利支天经，藏中凡三译，唯本朝天息灾本呪（咒）法最多……李珏请命神人致称名之功，至矣哉……今兹中原多故兵革未销，士夫民庶有能若终身、若全家行此，解厄至简之法。"《大正藏》第四十九册，第 423 页。

② （宋）赞宁撰《宋高僧传》卷十九《感通篇第六》载："释明瓒者，未知氏族生缘。初游方诣嵩山，普寂盛行禅法，瓒往从焉，然则默证，寂之心契。人罕推重，寻于衡岩闲居……云是弥陀佛应身，未知何证验之……如是经二十年。相国邺公李泌，避崔李之害隐南岳。而潜察瓒所为，曰非常人也……候中夜，李公潜往谒焉，望席门自赞而拜瓒，大诟仰空而唾曰：'是将贼我。'李愈加郑重，唯拜而已。瓒正发牛粪火出芋啖之，良久乃曰：'可以席地。'取所啖芋之半以授焉，李跪捧尽食而谢。谓李公曰：'慎勿多言，领取十年宰相。'李拜而退。"《大正藏》第五十册，第 834 页。

图 373　觉正寺正殿后壁第 3 扇

图 374　觉正寺正殿后壁第 6 扇

与官员。《慈悲道场忏法》序中描述郗氏死后变成蛇见梁武帝，帝问志公禅师的故事。[①]据此推测该扇表现了这一故事画面，殿内趺坐僧人为志公，戴乌纱冠者为梁武帝，蛇为郗氏死后所化。

　　第 6 扇绘院落中一红发、六臂、袒上身的明王坐在方形束腰座上，前方桌上摆放香炉、蜡烛等物品。桌旁立三人，正中者呈帝王形象，左手挽一童子，右手拉一掩口的女子。画面右侧一楼阁檐下有题"王宫"的牌匾。一女子和一童子立于栏杆后向明王拱手，女子身后立一持扇者。画面左下方立二举金瓜的侍卫（图374）。该画面应表现了《大宝积经》中法意和法念放弃佛果，誓愿成为金刚力士

　　①《慈悲道场忏法传》载："郗氏崩后数月，帝常追悼之，昼则忽忽不乐，宵乃耿耿不寐。居寝殿闻外有骚窣之声，视之乃见一蟒盘壁上殿，睒睛呀口以向于帝……蛇为人语启帝曰：'蟒则昔之郗氏也……谪为蟒耳……祈一功德以见拯拔也。'帝闻之鸣呼感激……帝明日大集沙门于殿庭宣其由，问善之最以赎其苦。志公对曰：'非礼佛，忏涤恫款方可。'帝乃然其言。"《大正藏》第四十五册，第 922 页。

图 375　觉正寺正殿后壁第 7 扇

图 376　觉正寺正殿后壁第 8 扇

图 377　觉正寺正殿后壁第 9 扇

和梵天的故事。①

　　第7扇绘山林中一石洞，一附头光、袒左肩、跣足、挂杖的僧人结半跏趺坐在洞外石上，注视前方。其背后的山洞门半开，一沙弥双手端盘正向外走。僧人面前立一道士，向僧人弯腰拱手。身后为一头顶生枝条，外形似鬼魅者持长竿而立（图375）。此画面应绘《佛祖纲目》中海机开悟吕洞宾的故事。②

　　第8扇绘庭院中一披红色袈裟的僧人左手持锡杖，右手前伸，立在殿前阶下。其对面一帝王左手前伸，右手执一长柄香炉，身后立二持扇的侍从（图376）。推测该画面表现了梁武帝与释宝海对话的情景。③

　　第9扇绘庭院中一袒胸露腹的僧人左手执拂尘，肩扛挂着圆形物的杖，右手持杖前行。后方一官员向僧人伸出双手。两侧立二侍从，右侧侍从双手捧内置金锭的盘子，左侧侍从举盖（图377）。画中僧人不修边幅，形象类似保志的传统造型。由此推测，画面可能表现了《高僧传》中保志不随桑偃谋反的情景，④但捧

────────────

　　①（西晋）竺法护译《大宝积经》卷九《密迹金刚力士会第三》载："时有转轮圣王，名曰勇郡王……尔时王太子并共父王，以栴檀造立楼阁……其二正夫人……有二孩童……一名法意二名法念……是时转轮圣王……使诸千太子各各疏名，作七宝筹……令诸太子各各探筹……法意太子曰：'吾自要誓诸人成得佛时，当作金刚力士，常亲近佛在外威仪，省诸如来一切秘要。'……法念太子曰：'诸正士听，吾心自誓言，诸仁成佛道，身当劝助使转法轮，适见相劝辄转法轮。'……欲知尔时勇郡转轮圣王乎……则往过去定光如来是也。其时诸子，此贤劫中千佛兴者是也……其法意太子，则今金刚力士名密迹是也。其法念太子者，今识其梵天是也。"《大正藏》第十一册，第48页—52页。

　　②（明）朱时恩编《佛祖纲目》卷三十四载："海机，清河张氏子……后住黄龙。一日吕岩真人，道经黄龙山，睹紫云成盖，疑有异人，乃入谒。值击鼓升堂，机见意必吕公，欲诱而进……岩飞剑胁之，剑不能入，遂再拜求指归。机曰：'半升铛内煮山川，即不问，如何是一粒粟中藏世界。'岩言下顿契，作偈曰：'弃却瓢囊戚碎琴，如今不恋汞中金。自从一见黄龙后，始觉从前错用心。'机嘱加护。岩字洞宾，京川人。"《大正藏》第八十五册，第676页。

　　③（唐）道宣撰《续高僧传》卷九《义解篇五》载："释宝海，姓龚，巴西阆中人……于时梁高重法自讲涅盘，命海论佛性义，便升论榻。虽往返言晤而执镝石香炉。帝曰：'法师虽断悭贪，香炉非镀不执。'海应声曰：'陛下位居宸极，帽簪非蠹不戴。'帝大悦，众咸惊叹。"《大正藏》第五十册，第492页。

　　④（南朝梁）慧皎撰《高僧传》卷十载："释保志，本姓朱，金城人。少出家止京师道林寺，师事沙门僧俭为和上修习禅业。至宋太始初忽如僻异，居止无定饮食无时，发长数寸。常跣行街巷，执一锡杖，杖头挂剪刀及镜或挂一两匹帛……齐屯骑桑偃将欲谋反，往诣志，志遥见而走，大呼云：'围台城欲反递研头破腹。'后未旬事发，偃叛往朱方，为人所得，果研头破腹。"《大正藏》第五十册，第394页。

图 378　觉正寺正殿东壁

图 379　觉正寺正殿西壁

图 380　关圣庙正殿后壁

金情节不见于传记，应为画者增添。

第 10 扇绘戴道冠，着道袍，斜拎布包的送子张仙左手握弹弓，右手捏指于右肩处，弯腰抬头看向上方，一黑狗在上方云际奔跑。一童子立于张仙右侧，双手抓其袍。

后壁中有 8 扇绘制僧人故事，如此集中绘制僧人的清代图像罕见，弥足珍贵。两侧壁后端绘制东方朔偷桃和张仙送子，寓意长寿和求子，反映了民众并不关心寺庙壁画内容的纯粹或统一，而是注重现世福报，因此将东方朔和张仙绘制于佛教内容之中，该现象也透露出清代壁画内容多元的特点。

两侧壁画面为仿卷轴式，画心均高 115 厘米，宽 102 厘米，绘十八罗汉。东壁绘九身罗汉，呈执瓶、持幡、握铃、读书、握环、拄杖、执卷册、携龙等不同姿态（图 378）。西壁亦绘九身罗汉，呈执长柄香炉、拄禅杖、托钵、拄杖读书、禅定、戏虎、捏长眉、阅读、怀抱长茎弯头莲花等姿态（图 379）。

该殿壁画线条流畅，人物比例恰当，表情生动，设色淡雅，水平较高。庙内刊刻于嘉庆十三年（1808）的碑记载了修建戏楼五间的施主姓名和捐赠钱数，但据此难以判断壁画绘制的年代，从建筑样式和画面风格推测该殿壁画绘制于清代中期以后。

82. 窑栈村关圣庙

位于米山镇窑栈村，朝向西南，现存门房、正殿、两耳房和两侧厢房，残破不堪。

正殿面阔三间，进深四椽，前设檐廊，殿内后壁和两侧壁遗存壁画，漫漶严重。后壁画面为仿座屏式，高 280 厘米，宽 708 厘米，描绘几组人物在瑶台中的活动（图 380）。右上方绘云气中一高台，后为山洞，前设栏杆，一条石径连通内外，应表示瑶台。西王母怀抱如意立于洞外，两侧立分别持幡、羽扇的侍女，栏杆旁立二侍女。壁面下方共描绘八身仕女，均高髻长发，佩兽皮或树叶状披肩，着宽袖长衫，下着裙，腰围树叶。右下方的三仕女，一侍女持莲花，一侍女右手捏珠，身旁立一鹿，一侍女双手抱坛（图 381）。中下方的四仕女，一侍女席地而坐，左手执树叶置于左膝，身旁放锄和盛放桃子的竹篮。右侧三侍女或提内置桃子的竹篮，或双手托内置山石的盘子，或肩扛挂竹篮的锄。左下方的一仕

图 381　关圣庙正殿后壁右下方

图 382　观音庙后壁（局部）

女持桨立在舟上，转头注视立于舟尾的丹顶鹤。中上方绘孙悟空右手握棒，左手置于额头，跨步行于云际。

下方八身仕女应为麻姑与七仙女，整体突出了"寿"的主题。中下方的四仙女携桃或寿山石。左下方枯木舟上的仕女可能为织女，或许因需渡天河，故泛舟而来。右下方绘麻姑和前来迎接的二仙女，鹿衔灵芝应暗示坛内为灵芝酒，[①]鹿呈象征长寿的黑色。[②]下方画面表现诸仕女正在准备西王母的寿宴。不速之客孙悟空驾云前来，使画面更加生动有趣。

两侧壁画面为仿挂屏式，高260厘米，宽110厘米，顶端绘钉与钩，上部漫漶严重，下部较完整。左壁墨绘牡丹花丛和奇石，右壁墨绘荷花。

正殿脊枋底墨书乾隆四十六年（1781）重修殿堂和东、西角楼的榜题，庙内刊刻于明万历三十三年（1605）的重修碑记，记述本村旧有关王圣贤宝殿一座，于成化十二年（1476）补修。另有刊刻于清嘉庆二十年（1815）的记事碑，碑记中称该庙为关圣庙。根据以上榜题和碑记推知该庙创建于明成化年之前，分别于明成化十二年、万历三十三年、清乾隆四十六年重修。该壁画明显为清代风格，应绘制于清代乾隆至嘉庆期间。

83. 吴村观音庙

位于米山镇吴村，现存正殿和两侧厢房。正殿面阔三间，进深四椽，前设檐

---

① "麻姑至，蔡经亦举家见之，是好女子，年十八九许。于顶中作髻，余发垂至腰，其衣有文章而非锦绮，光彩耀目，不可名字，皆世所无有也……麻姑自说：'接待以来，已见东海三为桑田。向到蓬莱，水又浅于往昔，会时略半也，岂将复还为陵陆乎？'"同本书22页脚注①，第54页。"据说，王母娘娘在阴历三月初三生日时，举办大型的蟠桃盛会，特邀麻姑与会。麻姑精心准备了一份特殊的礼物——用清澈的绛河河水、高贵的灵芝酿造的美酒。王母娘娘得到此酒后，非常高兴。因此民间将此事画成《麻姑献寿图》。"邱芬：《中国俗神》，黄山书社，2012，第70页。"江西麻姑酒，以泉得名，而曲有群药。"（明）李时珍：《本草纲目》，山西科学技术出版社，2014，第705页。"沧州酒，阮亭先生谓之'麻姑酒'，然土人实无此称。著名已久，而论者颇有异同……其酒非市井所能酿，必旧家世族，代相授受，始能得其水火之节候。"（清）纪昀：《阅微草堂笔记》，中国戏剧出版社，2000，第578页。

② "鹿千年化为苍，又五百年化为白，又五百年化为玄。汉成帝时，山中人得玄鹿，烹而视之，骨皆黑色。仙者说，玄鹿为脯，食之，寿二千岁。"（南朝梁）任昉：《述异记》，中华书局，1991，第4页。

廊，现砌前墙将檐廊包入室内。殿内后壁和两侧壁遗存壁画，漫漶严重，后壁下方有三处基坛的痕迹。

后壁画面高 326 厘米，宽 863 厘米，为仿围屏式，共 12 扇，内绘制开光图像（图 382）。由左至右第 1 扇漫漶不明。第 2 扇上图开光呈葵花形，内绘树木。中图和下图漫漶不清。第 3 扇上图开光呈椭圆形，内题诗。下图开光呈长方形，漫漶，可辨为花卉题材。第 4 扇上图开光呈长方形，内绘两匹马于松树下。中左图开光呈椭圆形，内绘兰草。中右图开光呈椭圆形，内题诗句。下图开光呈长方形，内题诗，落款"甲寅秋书，莲山主人笔"。第 5 扇上图开光呈扇面形，内题写文字。下图开光呈长方形，内绘福、禄、寿三星坐于松树下，寿星抱如意，身后一童子持杖侍立，禄星怀抱一童子，福星执笏板。下方桥上有一骑马的文士，后跟一背负行囊的侍者。第 6 扇上图开光呈长方形，内绘山水间，一人饮马，另一人洗马。中图开光呈葵花形，内题诗。下图开光呈长方形，绘荷塘上的两朵荷花和两只鸳鸯，一只游于水面，另一只卧在石上，应蕴含夫妻好合之意。[①] 第 7 扇上左图开光呈长方形，内题诗句，落款"莲山主人题"。上右图开光呈椭圆形，内绘梅枝。中上图开光呈长方形，内绘坡塘林木间，二文士打伞在岸边行走，另有二文士立在池中的水榭栏杆边（图 383）。中下图开光呈圆形，内绘墨葡萄。下图开光呈长方形，内题诗句，落款"松□"。第 8 扇上图开光呈扇面形，内题诗。下图开光呈长方形，内绘一只燕子停在迎春花枝头，另一只向其飞来，两只凤凰立于石上，石后为牡丹花丛。第 9 扇上图开光呈长方形，内绘三位官员围坐在松树下的方桌旁，桌面置杯盘，一人手指远处的殿宇，另二人望向殿宇。二童子立在后方，正往杯中倒酒。中左图开光呈方形，内题诗，落款"敬题"。中右图开光呈长方形，内绘墨竹。下图开光呈葵花形，内题诗。第 10 扇上图开光呈椭圆形，内题元代赵孟頫的《兰亭十三跋》，落款"□沐敬题"。下图开光呈长方形，内绘牧马图，一马立于岸上，一马正在上岸，一人骑马立于水中，一人在水中刷马。第 11 扇上图开光呈葵花形，内绘一只鹰站在石上。中图开光呈长方形，内绘两只兔子卧在菊花丛下。下图开光呈树叶形，内题诗。第 12 扇绘一丹顶鹤立于松树上，另一只立于树下。

---

① 古人称鸳鸯为匹鸟，后因比喻指夫妇。双荷并蒂意味着和和美美。

图 383　观音庙后壁第 7 扇中上图

两侧壁画面均为仿卷轴式，高 315 厘米，宽 95 厘米。东壁绘苍龙教子，上方出现大龙之头，下方可辨一小龙之头。西壁为下山虎，上方松枝上立两只喜鹊。两侧山墙上方绘影梁，山花和象眼处不见图像。

脊枋底墨书漫漶，可辨创建该殿和两耳楼的内容，年号不清。图像中出现"甲寅年"的落款，清代甲寅年见于康熙十三年（1674）、雍正十二年（1734）、乾隆五十九年（1794）、咸丰四年（1854），据此推测，壁画至迟为清代咸丰四年绘制。

84. 河东村关帝庙

位于米山镇河东村，朝向东南，现存左厢房和后面的三座殿堂，其中左殿为耳楼，中殿内遗存壁画。

中殿面阔三间，进深四椽，前设檐廊，殿内后壁和两侧壁遗存壁画。后壁正中为仿座屏壁画，画面高 251 厘米，宽 297 厘米，绘松树旁一下山虎转头望着小虎，上方飞着五只喜鹊（图 384）。该图应表现了教子内容，应与宋代的"乳虎图"存在承继与演变关系。[①]

两侧壁分组绘制与关羽相关的故事，画面高 245 厘米，宽 446 厘米（图 385、386）。左壁左上方绘古城会关羽刀斩蔡阳的内容。中上方绘关羽封侯，曹操送印的内容，关羽托印立在桌旁，转头侧顾，旁边的曹操向关羽拱手，身后立分别托壶、水果的二士兵。中下方绘关羽战庞德的画面，关羽驻马提刀，后随一举旗的士兵，庞德举枪策马奔来，后随举旗和抬棺的士兵。右上方绘关羽纵马追赶二将，并将其中一将劈落马下。右下方应绘关羽征战黄巾军的情景。右壁右上方绘关羽举刀驱马追赶三将。左下方绘三英战吕布的画面。中下方绘关羽策马举刀追赶一跨马奔逃之将，逃将回身挺枪招架。右下方绘关羽战黄忠的情景，黄忠骑马前奔，弯弓搭箭回身欲射，关羽随后纵马举刀追赶。

两侧山墙上方绘影梁，象眼和山花处绘植物图像。

脊枋底墨书雍正十年（1732）创修关王殿和耳楼的题记，据此推测该殿壁画绘于清代雍正年间。

85. 侯家庄村西庙

位于米山镇侯家庄村西南的小山顶，朝向东偏北，现存正殿与两耳房、倒座殿与两耳房及两侧厢房。倒座殿及其耳房和右侧厢房内遗存壁画。

倒座殿的梁架和两侧山墙上方绘精美的影梁，三架梁枋心处绘鹤纹，五架梁枋心处绘龙纹，象眼和山花绘植物图像。

倒座殿耳房后壁绘双龙戏珠，画面高 220 厘米，宽 310 厘米。青龙头在上，黄龙头在下，二龙之间有一火焰珠（图 387）。

右侧厢房内后壁遗存壁画，画面下部残缺，残高 140 厘米，宽 350 厘米，为仿围屏式，现存 6 扇，绘制开光图像，漫漶严重。由左至右第 1 扇上左图开光呈圆形，内题字。上右图开光呈方形，黑底白纹，内绘竹。下图开光呈展开的卷轴形，内绘二女子坐于树下弈棋。第 2 扇上图开光呈树叶形，内题诗。中图开光呈

---

① "乳虎图……虎天下之至猛，于牵制父子、牝牡之情，则虽威而不怒。荒榛赤草，鸟噪其上，两虎引子而行，意甚安佚。"潘运告：《宋人画评》，湖南美术出版社，1999，第 264 页。

图 384　关帝庙中殿后壁

图 385　关帝庙中殿左壁

图 386　关帝庙中殿右壁

图 387　西庙倒座殿耳房后壁双龙戏珠图

方形，内可辨水波。下图开光呈菱花形，漫漶不明。第 3 扇上图开光呈圆形，内绘荷花。下左图开光呈椭圆形，内可辨一执扇仕女立于芭蕉树下。下右图开光呈方形，漫漶难辨。第 4 扇上图开光呈扇形，黑底白纹，内可辨兰草。下图开光呈方形，内绘牡丹、奇石。第 5 扇上图开光呈树叶形，内题诗。余处漫漶难辨。第 6 扇漫漶不明。

正殿脊枋底墨书明崇祯十六年（1643）创建玄帝正殿和南北角房的题记，墙壁上存清顺治五年（1648）墨书的金妆玄帝并诸神圣像施主姓名和捐钱数，倒座殿脊枋底墨书康熙三年（1664）创立碧霞东正殿三楹和南北斜殿四间的榜题，右侧厢房脊枋底墨书乾隆三十四年（1769）创修东南西陵殿三楹的题记。根据题记可知，该庙正殿为玄帝殿，正殿与两侧耳房创建于明崇祯年间，清顺治年间金妆诸像，清康熙年间创建倒座殿（即碧霞殿）及两侧耳房，此时庙宇规模扩大，初步构成四合院布局。乾隆年间创修"东南西陵殿"。依据题记推测，玄帝殿内影梁绘制于明末清初，右侧厢房后壁画面绘制于清代乾隆年间。

86. 中沙壁村三官庙

位于北诗镇中沙壁村，朝向西南，现存舞楼、正殿、两耳房和两侧厢房。

正殿面阔三间，进深四椽，悬山顶。殿内后壁遗存壁画，画面高 220 厘米，宽 780 厘米，为仿围屏式，共 10 扇（图 388）。中部 4 扇绘八仙过海，两侧 6 扇题诗。后壁两侧的 4 扇以楷、行、隶、篆书题写明代归有光的《花史馆记》，落款"时在庚午年，子琴学补壁"。两端两扇为篆书对联，东壁可辨"东阁南轩，西子□□□□"，西壁题"春花秋月，夏侯把盏醉冬风"。[①]

中部 4 扇上部绘蓝色背景映衬的流云、山峰、红日、飞鸟等，下部绘波浪、水岸及八仙。由左至右第 1 扇绘铁拐李与何仙姑，铁拐李双手捧桃立于葫芦上渡海，何仙姑脚踩荷叶渡海。第 2 扇绘汉钟离与张果老，汉钟离右手持扇，脚踩拂尘渡海。张果老右手托桃，踩在拐杖上渡海。第 3 扇绘吕洞宾、桃柳妖与韩湘子，吕洞宾右手托桃，左手指向海面上出现的道路，旁边的韩湘子正在吹笛，桃

---

① 山西省文水县戏台楹联中有一联与此联接近，上联为"东阁南轩西子登楼唱北曲"，下联为"春花秋月夏侯拔剑舞冬风"。

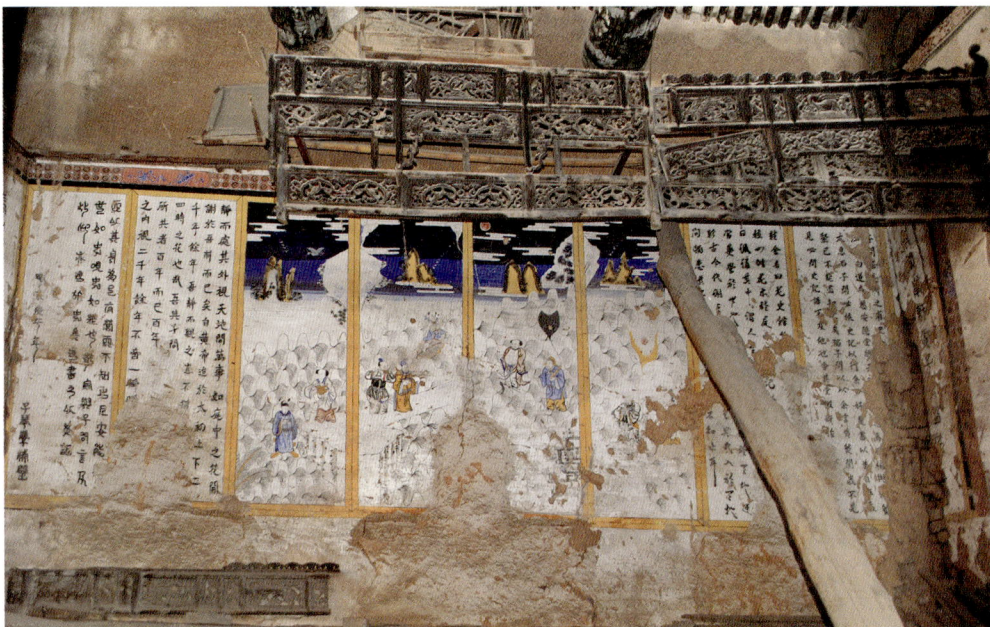

图 388　三官庙正殿后壁（局部）

图 389　祖师庙正殿东壁左下方

柳妖站在树叶上渡海。最后一扇绘蓝采和与曹国舅，蓝采和双手捧持装桃的花篮立于岸上，曹国舅右手托桃立于云板上渡海。

传说八仙通过修道成仙，给世人由凡入圣的幻想。明清时期八仙形象常出现在小说、戏剧、绘画、雕刻等中。明代吴元泰《八仙出处东游记》中描述了八仙过东海时与龙王打斗并获胜的故事。民居建筑上常见暗八仙图像，[①]因民众认为八仙镇宅，可以避祸免灾。该殿后壁中部描绘"八仙过海"，表达"各显神通"之意。

正殿东壁嵌刊刻于康熙十三年（1674）的《重修碑记序》，该碑记述拆除旧殿，在原址上重建之事。庙内刊刻于道光二十九年（1849）的《补修三元宫碑文及序》记述该庙之前历次补修的经过，该庙建于康熙年间，于乾隆年间扩建，于道光年间进行补修。由后壁落款推测正殿壁画绘制于"庚午"年，清康熙十三年之后的庚午年有康熙二十九年（1690）、乾隆十五年（1750）、嘉庆十五年（1810）、同治九年（1870）。据《重修碑记序》载，康熙十三年时该殿已绘画一新，康熙二十九年重新绘制的可能性不大。《补修三元宫碑文及序》载该庙于乾隆三十年（1765）进行过大规模的重修扩建，故壁画绘制于乾隆十五年的可能性很小。据此推测壁画绘制于清嘉庆十五年或同治九年。

87. 长畛村祖师庙

位于北诗镇长畛村，现存舞楼、正殿、两耳房和两侧厢房。

正殿面阔三间，进深四椽，前设檐廊。殿内后壁和两侧壁遗存壁画，壁面曾刷涂白灰，壁画大面积被遮盖，遗存状况不佳。东壁左下方可辨一铺较完整的画面，一附头光，扎双髻，着道袍的童子右手持剑立在小溪边，小溪另一边绘四人、二马立于树下，四人为戴展脚幞头的二天官和各持棍棒、包裹的两侍从（图389）。《启圣录》卷一载："涧阻群臣。父王思慕太子，不能弃舍，令大臣领兵五百众，根寻太子回朝。探逐所往，渡涧入山，遇涧水忽涨，不能前进。八次渡遇水泛，第九次方得渡。至紫霄岩，面见太子启传王命。自是部众，足忽僵仆，不能举。相谓曰：'太子愿力，所至如是。'回国且遥，乃同声告曰：

---

① 即以剑、花篮、云板等八仙执物暗示八仙的存在，多以石刻、雕砖、木雕等形式出现在建筑上。

'愿从太子学道.'语毕，趺步如故，于是俱隐山中。帝升真之后，皆证仙道。"推测该画面应表现《启圣录》中这一内容，与蔚县苏邵堡村真武庙、北方城村真武庙和佳县白云观同类画面大体接近。[①]画面左、后侧残存墨线，表明该壁的真武故事画面为分格绘制。

后壁可辨一戴幞头，着红袍男子的面部。两侧山墙上方绘影梁，漫漶不清。殿内梁枋上绘精美的纹样。

庙内刊刻于清康熙四十六年（1707）的碑记记载了庙宇创建的过程，康熙十四年（1675）改建大殿、角楼、东房，同时妆塑彩画，又于康熙四十三年（1704）修建西禅房，四十五年（1706）创建南戏楼和两侧角楼。据此推测壁画绘制于康熙年间。

88. 贺庄村五谷财神庙

位于北诗镇贺庄村，现存院门、正殿、两侧厢房，残破不堪。

正殿面阔三间，进深四椽，当心间和西次间屋顶不存。东、西两次间后壁遗存壁画，均为仿座屏式，画面均高 290 厘米，宽 220 厘米。东次间后壁漫漶，可见一橙色的龙翻腾回首，口吐宝珠（图 390）。西次间后壁漫漶严重，右上方壁面泥层剥落，绘有一奔跑的麒麟。

明间东壁前部嵌刊刻于乾隆四十八年（1783）的碑，前段内容被前墙遮挡，后段记事，载该庙为"五谷神庙"。据此推测，该庙壁画可能绘于乾隆年间。

89. 苟家村祖师庙

位于建宁乡苟家村北的鹅掌山麓，单体建筑。殿宇以方石砌就，前方垒砌石质牌坊，殿内为仿窑洞式的拱顶，左、右、后壁设基坛，坛上镌刻精美的浮雕，上方壁面绘制图像。

---

① 类似画面在蔚县苏邵堡村真武庙中榜题为"剑指成河"，在北方城村真武庙中榜题为"指剑成玉河"，二处可能来自同一粉本。佳县白云观真武殿中榜题为"阻润群臣"，"润"应为"洞"的笔误，画面与蔚县二庙接近。

图 390　五谷财神庙东次间后壁

图 391　祖师庙东壁护法众

后壁正中画面为仿座屏式，高105厘米，宽90厘米，绘松树和牡丹花丛。

两侧壁画面高60厘米，宽100厘米，每壁均绘五身附头光的护法。东壁由内至外第一身额正中生一眼，着战袍，持戟，应为二郎神。第二身着战袍，持狼牙棒。第三身着长袍，右手执笔，左手抱卷，卷名残存"古书"字样，应为判官。第四身着长袍，持长矛。第五身青面，着长袍，握剑（图391）。西壁由内至外第一身黑面，着战袍，举鞭，可能为赵公明。第二身具长髯，着战袍，持刀，应为关羽。第三身黑面，鹰嘴，袒上身，左手握凿，右手举锤，应为雷神或雷震子。第四身着战袍，持斧。第五身着战袍，执令牌（图392）。

画面绘画技巧拙劣，与精巧的建筑和精美的浮雕形成鲜明对比，应为后世补绘，可能绘制于清后期至民国期间。

图392 祖师庙西壁护法众

90. 中庙村炎帝中庙

位于神农镇中庙村，前后三进院落，现遗存山门、太子殿、拜殿、正殿、两侧耳楼、两侧厢房等建筑。2006年被列为全国重点文物保护单位。

正殿面阔三间，进深六椽，悬山顶。前墙门窗上方的檐垫板里、外面遗存画面，高150厘米，通宽860厘米，分东、中、西三段，上、下两层，上层共18

格，下层共 15 格。里面上、下 33 格内均绘水墨山水（图 393—395），个别画面中出现人物、房屋等，画面古朴雅致，绘制水平较高。这些画面上方还遗存竹菊梅兰等植物图像，应与檐垫板上的图像同时绘制。檐垫板外面的画面灰暗，上层绘制花卉图像，下层为博古图，绘制细腻工整，格调雅致。

庙内现存刊刻于元至正二十一年（1361）的《创建神农太子祠并子孙殿志》、明万历十二年（1584）的碑记、清康熙九年（1670）的《重修炎帝庙并各祠殿碑记》、清道光十年（1830）的《重修大庙并合村堂阁殿宇表颂碑记》、清宣统三年（1911）的《重修炎帝庙暨村中诸神殿碑记》。根据碑记可知，元至正年以前该庙就已存在，至正二十一年创建太子殿，明万历十二年增加石桌、献台等，清康熙九年、道光十年、宣统三年重修改建该庙以及村中其他殿宇。

图 393　炎帝中庙正殿檐垫板里面东段

图 394　炎帝中庙正殿檐垫板里面中段

图 395　炎帝中庙正殿檐垫板里面西段

结　语　高平明清寺观壁画题材综述

高平明清寺观壁画散布于乡镇内，壁画数量丰富，形式多样，题材广泛。以下梳理壁画中出现数量较多的题材，并简单介绍常见的仿屏风式壁画。

1. 佛教题材

佛教传入我国以来，受地域、时代、思想、政治、审美风尚等诸多因素影响，到明清时期佛教图像在造型、样式、题材等方面都发生了很大变化，这些变化也体现在高平明清寺观壁画中。高平遗存的 19 处明清时期佛教图像涉及 7 类题材（表 3），其中佛传故事、水陆图像、地狱十王、观世音救难、胁侍护法等 5 类题材比较常见，十二辰相菩萨和僧人罗汉图像则具有鲜明的地域和时代特色。

表 3　佛教题材统计表

序号	题材	殿宇	位置
1	佛传故事	朱家庄村北庙正殿	后壁
		关家村山神堂正殿	后壁
2	水陆图像	南李村佛堂寺正殿	左右两侧壁
3	地狱十王	米东村定林寺地藏殿	左右两侧壁
		沟底村古佛堂正殿	左右两侧壁
4	十二辰相菩萨	沟底村古佛堂正殿	左右两侧壁
		白家坡村观音堂正殿	左右两侧壁
5	观世音救难	白家坡村观音堂正殿	左右两侧壁
		唐家山村老君堂东殿	后壁与两侧壁
		黄家沟村观音堂正殿	左壁
6	僧人罗汉	白家坡村观音堂正殿	左右两侧壁
		沟底村古佛堂正殿	左右两侧壁
		关家村山神堂正殿	檐垫板里面
		刘庄村北大庙正殿	檐垫板里面

表3（续表）

序号	题材	殿宇	位置
6	僧人罗汉	西李门村祖师庙东厢房中殿	后壁
		后河村觉正寺正殿	左右两侧壁
7	胁侍护法	南李村佛堂寺正殿	后壁
		米西村铁佛寺正殿	前壁
		孝义村三教堂地藏殿	后壁

（1）僧人罗汉

唐贞观十九年（645），玄奘回到长安奉诏译经。其译出的《大阿罗汉难提蜜多罗所说法住记》中罗汉住世传法和佑护施主等内容对后世影响很大。

在美术作品中，罗汉通常为光头，披袈裟的僧人形象。唐宋以来，罗汉造像的样貌主要有两种，一为中原人相貌，二为所谓"贯休样"。至迟到北宋，陕北石窟中已出现降龙罗汉和伏虎罗汉，罗汉数量变为十八身。十六或十八罗汉的排列方式通常为一排或分列在主尊两侧，布局较规则。陕北宋金时期石窟中也出现罗汉坐在山间修行和五百罗汉分布于山岩的实例。罗汉的布局方式应受到北宋山水画影响，并且直接影响后世罗汉群像的表现方式。

白家坡村观音堂正殿两侧壁大面积描绘的十八罗汉应承接北宋时期山间罗汉群像的样式，或许又加上文人倡导的魏晋清谈隐逸思想，画风契合元以来盛行的文人画，出离宗教的肃穆性，罗汉自由自在地置身于山林树石间。或许受卷轴画布局限制，后河村觉正寺正殿两侧壁所绘的十八罗汉或坐或立围在一起，结合画面中的树木、山石等元素，可视作罗汉游艺图的变体。西李门村祖师庙东厢房中殿后壁将罗汉与花鸟题材相间绘制，其中5扇描绘十八罗汉在水面或岸边，参照安徽歙县圣僧庵明代和山西繁峙县宝藏寺观音殿清代同类题材壁画，可知该殿壁画内容为罗汉渡水图。美国弗利尔美术馆藏明代仇英绘的长卷《罗汉渡海图》以白描形式绘制众罗汉渡海场面。中国国家图书馆藏清代升平署朱墨抄本昆腔《罗汉渡海》，其剧情为达摩率众罗汉渡南海前往神州向皇太后贺寿。西李门村祖师庙描绘了达摩一苇渡江的情景，周围则为诸罗汉正在渡水或准备渡水。罗汉渡水这一题材在明代已出现，清代流布广泛，影响了当时的戏剧创作。

后河村觉正寺正殿后壁 8 扇画面表现僧人故事，分别应为鸟窠禅师向白居易指点迷津、李珏敬奉摩利支天菩萨、李泌拜见释明瓒、梁武帝问志公禅师、勇郡王太子发愿、诲机禅师开悟吕洞宾、梁武帝对话释宝海、保志禅师不参与谋反等画面，这些故事大多来源于《高僧传》《景德传灯录》《佛祖统纪》《佛祖纲目》等僧传类典籍。其中一扇出现了道教的吕洞宾，是清代佛教图像民间化的实证。白居易见鸟窠禅师的故事还见于黄家沟村观音堂后壁，同壁还描绘了善无畏飞行于空中的神迹，表明僧人故事在高平清代壁画中并非孤例。

（2）十二辰相菩萨

沟底村古佛堂与白家坡村观音堂的正殿两侧壁画将菩萨与十二元辰、生肖组合在一起，这是清代佛教图像中新出现的菩萨样式，可称为十二辰相菩萨。两处菩萨图像均出现在壁面上部，古佛堂诸菩萨捧持子、丑、寅、卯等十二元辰，观音堂诸菩萨坐在鼠、牛、虎、兔等十二生肖的背上。

我国在秦代时已将十二地支与动物进行搭配，东汉王充在《论衡》中将十二地支与生肖进行组合，称之为"十二辰之禽"，生肖成为十二元辰的代表动物。同时，将各生肖划分在五方五行框架内，以五行相生相克的理论朴素地解释了昼夜时辰轮转而不相交的现象。

佛教传入中国后，编译经籍者将我国的五行、十二地支、十二生肖等概念融入其中。北凉昙无谶译《大方等大集经》卷二十三《虚空目分净目品》将水、树、火、风四供养神分属四方，各自供养三兽，共十二兽，分别轮转游行教化。唐代湛然述《止观辅行传弘决》卷八在比较十二兽与十二生肖时，云："大集十二时兽者，若五行中名十二肖。肖者似也，此十二神似彼故也。"认为十二兽是菩萨为教化众生化现而成，于是将菩萨与十二兽联系起来，与唐代澄观所称"大集经说十二兽，皆是大菩萨示迹为之"的说法不谋而合。唐代道世撰《法苑珠林》卷三十进一步叙述了菩萨、十二兽、十二辰的联系："此之十二兽，并是菩萨慈悲化导，故作种种人畜等形，住持世界，令不断绝。故人道初生，当此菩萨住窟，即属此兽，护持得益。是故汉地十二辰兽依此而行。"以上典籍或可视作古佛堂和观音堂十二辰相菩萨图像的经籍依据。

2. 道教题材

道教起源于中国，源于古代神仙信仰和方仙之术。道教神祇图像形式多样，数量繁多，《太上洞玄灵宝国王行道经》称"随其所有，金银珠玉，绣画织成，刻木范泥，凿龛琢石，雕牙镂骨，印纸图画"等均可造像。具体制作时，须依定式，《洞玄灵宝三洞奉道科戒营始》中载造像必须"依经具其仪相"。道教诸神图像的组织形式和造像样式大量吸取佛教图像样式，唐代释法琳在《辨正论》中引王淳《三教论》云："近世道士取活无方，欲人归信，乃学佛家制立形像，假号天尊，及左右二真人……"在诸天神头部添加圆光就是取法佛教图像的表现。

唐宋时期，道教壁画场面浩大，人物众多，生动逼真，山水与人物相互衬托，世俗化倾向明显。元代永乐宫三清殿的《朝元仙仗图》绘制得层次分明，秩序井然，线条圆润流畅，色彩浓淡相宜，显得壮丽浩荡，宁静清逸又庄严肃穆。明清以降，道教壁画逐渐民间化，很少出现宋元时期那样精妙绝伦的壁画。壁画中杂入民间信奉的神祇，更贴近民众的日常生活。

根据考察所见，绘制道教题材的实例如表4所示，有三类五处。

表4　道教题材统计表

序号	题材	殿宇	位置
1	老子出关图	毕家庄村老君堂大殿	后壁
2	老子八十一化图	铁炉村清梦观三清殿	左、右、后三壁
		良户村玉虚观中殿	左右两侧壁
3	真武故事	赵庄村真武庙正殿	左右两侧壁
		长畛村祖师庙正殿	左壁

（1）老子出关图

老子出关图通常表现老子骑在牛背上前行的情景。毕家庄村老君堂大殿后壁正中所绘内容与基坛上塑像一致，老子骑在牛背上，后随二童子，表现了老子西出函谷关时的画面，具有礼拜像性质。

司马迁的《史记》载："老子者，楚苦县厉乡曲仁里人也，姓李氏，名耳，字伯阳，谥曰聃，周守藏室之史也。"后退隐，相传其骑青牛西出函谷关，归隐秦国，出关时留下《道德经》。

（2）老子八十一化图

老子八十一化图汇集了老子"显化"事迹，用以宣扬道教的思想观念。老子八十一化图的编撰者令狐璋和史志经是全真教的门徒，丘处机的弟子李志常更是刻版使之流行，老子八十一化图的产生、流布应与全真教密不可分。

高平现存两处老子八十一化壁画，但都漫漶严重，一处在铁炉村清梦观三清殿，另一处为良户村玉虚观中殿两侧壁前部。玉虚观后殿刊刻于元至元十六年（1279）的《新修玉虚观记》载："全真门下申志谨……崇建灵宇，为正殿三间，塑三清圣像，为法众朝真之所。"可知该观为全真教的门徒申志谨创建，也体现出老子八十一化图与全真教的联系。

（3）真武故事

真武即玄武，中国古代神话中的北方之神，后为道教所信奉。玄武同青龙、白虎、朱雀合称"四方四神"。宋时因避讳，改称真武。西李门村祖师庙内刊刻于明万历二十四年（1596）的《创建真武庙记》记载了祭拜真武的原因："予思我太祖龙兴定鼎之初，毁淫祠，正祀典，而金陵仅存者十庙，真武之神□其一焉。又思我成祖潜龙燕境，入正大统，而真武北方之神，其阴朔我文皇者，功岂渺小哉。"

明末清初傅维鳞的《明书》记述真武助成祖之事，称燕王朱棣起兵时："遣张玉、朱能勒卫士攻克九门出，祭纛，见披发而旌旗蔽天。太宗顾之曰：'何神。'（姚广孝）曰：'向所言吾师，玄武神也。'于是太宗仿其像，披发仗剑相应。"[1] 于是真武大帝披发仗剑，外袍内甲的样式基本确定并延续下来。

高平现存的两处真武故事壁画均绘制于清代，一处为寺庄镇赵庄村真武庙正

---

① 傅维鳞：《明书》卷160《列传十九》，商务印书馆，民国25年（1936），第3157页。

殿两侧壁，另一处为北诗镇长畛村祖师庙正殿东（左）壁局部。赵庄村真武庙真武故事图绘制简洁，各画面独立。东壁正中描绘"五龙捧圣"等反映真武修道历程的画面，西壁正中安排"复位坎宫"等表现真武济世的图像。画面面积较大，突出成道和济世的主题。长畛村祖师庙壁面漫漶严重，东壁仅可辨一个画面。

3. 关羽故事题材

高平地区关羽故事壁画数量较多（表5）。关羽，河东解县（今山西运城）人，是由凡入圣的典型人物，死后被追谥为"壮缪侯"，唐建中三年（782）配祀武成王，北宋宣和五年（1123）被加封为"义勇武安王"，明万历十八年（1590）被封为"协天护国忠义大帝"，明万历四十二年（1614）被封为"三界伏魔大帝神威远镇天尊关圣帝君"，清朝关羽封号长达26字——"忠义神武灵佑仁勇威显护国保民精诚绥靖翊赞宣德关圣大帝"，可见关羽信仰之盛。以上加封之举表明，历朝统治者推崇关羽的忠义、护国等精神。在佛道二教中，关羽都作为护法存在，佛教称之为"伽蓝菩萨"，道教称之为"关圣帝君"，均重视其伏魔护法之功能。

民间对关羽的崇信在后山沟村关帝庙前壁刊刻于道光十八年的《重妆神像之记》中可见一斑："古有关圣夫子，神功广大。自今上镇天朗气清，下照地灵光华，立天下之大本，行天下之正道……且今气正乾坤，辅翼纲常，千载勋庸，万方祠宇……常思帝恩，恩广德大，辅万代之大义，佐百世之天子，镇邻国之境，护本国之清平，增封伏魔大帝。自古以及今，切思豪杰俊士，贤士良臣，甚矣，再无于夫子灵功之相似也。"

壁画中大多数关羽形象如同《三国演义》所述：卧蚕眉，丹凤眼，面色如重枣，具五缕长髯，手持青龙偃月刀，胯下赤兔马。通常分组绘制关羽事迹，所绘情节基本取材于《三国演义》，多为能体现关羽忠义、智勇、礼贤等品格的内容，体现民众对关羽的崇敬，如千里寻兄、许田射猎、挂印封金、桃园结义、华容道释曹操、灞桥挑袍、斩颜良诛文丑、过五关斩六将、大战庞德、三英战吕布、水淹七军、夜读《春秋》、护嫂寻兄、三顾茅庐等。宋代以后，关羽的事迹被神化，尊为"关公"或"关帝"。明清时期，民间多种行业或团体都敬奉关羽，将其视为保护神，故关帝庙遍布各地。

表5　关羽故事题材统计表

序号	殿宇	位置
1	伯方村仙翁庙西耳房	檐垫板外面
2	柏枝庄村西天院东耳房	后壁
3	西曲村大庙正殿	左右两侧壁
4	安家村关帝庙正殿	左右两侧壁
5	什善村关帝庙正殿	左右两侧壁
6	河泊村观音庙左耳房	右壁
7	伞盖村仙翁庙西耳房	西壁
8	马家村玉皇庙东耳房	左右两侧壁
9	底池村关帝庙正殿	左右两侧壁
10	朱家山村西阁正殿	后壁
11	后山沟村关帝庙正殿	左右两侧壁
12	山头村关帝庙正殿	左右两侧壁
13	西郭庄村关帝庙正殿	左右两侧壁
14	南杨村关帝阁正殿	后壁
15	郭家沟村关帝庙正殿	左右两侧壁
16	下董峰村关帝殿大殿	左右两侧壁
17	刘庄村关帝庙正殿	左右两侧壁
18	杜村关帝庙正殿	左右两侧壁
19	东李门村关帝庙正殿	左右两侧壁
20	西李家庄村关帝阁大殿	左右两侧壁
21	孝义村结义庙大殿	后壁
22	东善村关帝庙大殿	左右两侧壁
23	河东村关帝庙中殿	左右两侧壁

4. 布雨图像题材

民以食为天，为了粮谷满仓，民众通常建庙造像，祈求风调雨顺。笔者考察庙名、碑记与壁画后发现乡民向多位神祇求雨，相同之处在于均绘制布雨四神，此四神可作为判断布雨图像的基本依据（表6）。

表6　布雨图像题材统计表

序号	殿宇	位置
1	伯方村仙翁庙正殿	后壁
2	箭头村三峻庙正殿	左右两侧壁
3	鹿宿村白龙庙正殿	左右两侧壁
4	举棒村仙翁庙正殿	左右两侧壁
5	扶市村仓颉庙正殿	左右两侧壁
6	马家村玉皇庙正殿	左右两侧壁
7	西李门村祖师庙西厢房北殿	后壁

清代布雨图像中绘制的风雨雷电四神样式接近，为程式化表现。风神为持口袋的老者（妪），称作风伯（婆）。雨神为具长髯的中年男子，着长袍，一手持杯，一手持拂尘，称作雨师。雷神为尖嘴，赤发，袒上身，异相，双手各持锤、凿，身体周围环绕五鼓，亦称作雷公。电神为女性相貌，高髻，着长衫，挂帔帛，双手持圆形物，亦称作电母。四神在行雨主神前方行云布雨。画面布局一般为诸神位于壁面上方的云际，生活场景绘于壁面下方，上下之间留出空白，一些画面在空白处表现风雨云雾等天气现象。考察所见的布雨图像均为左右两壁对应绘制，通常左壁所绘人物面向后壁呈进入状，为布雨前做准备的画面，右壁人物面向门口呈出门状，为正在布雨的画面。行雨主神均为着长袍的帝王形象，乘龙、轿或龙拉的车，不同庙宇略存差异。除布雨诸神外，通常还表现一些侍童鬼卒，或捧彩虹瓶，或扛登云梯，或持量天尺，或降冰雹，或放黑雾。此外，箭头村三峻庙还描绘了四值使者递文及城隍土地跪迎的画面，西李门村祖师庙也绘制了天官宣令等内容，体现乡民祈雨与诸神行雨的联系。

明代布雨图像出现在伯方村仙翁庙，庙内刊刻于明成化七年（1471）的《重修西总圣仙翁庙记》记述了当时乡民祈祷得雨，为酬神重修正殿之事。殿内后壁描绘风雨雷电四神，四神形象与清代形象差别很大。

5. 八仙（含祝寿）题材

八仙是传说中的八位神仙，指吕洞宾、张果老、曹国舅、铁拐李、汉钟离、韩湘子、何仙姑、蓝采和，他们的传说故事广泛出现在壁画、雕刻、建筑、日用品、装饰品等中。高平地区遗存的八仙（含祝寿）题材（表6）大致分为四类，其一为单独表现八仙，其二为与其他神祇组合表现，其三为与南极仙翁（寿星）组合为八仙捧寿，其四为出现在西王母祝寿场面中，作为前来祝寿的神祇。

表7　八仙（含祝寿）题材统计表

序号	殿宇	位置
1	伯方村仙翁庙正殿	左右两侧壁
2	扶市村仓颉庙正殿	檐垫板
3	马家村玉皇庙西耳房	后壁
4	泉则头村观音堂正殿	后壁
5	西郭庄村关帝庙正殿	后壁
6	西郭庄村关帝庙左耳房	后壁
7	牛庄村西庙正殿	后壁
8	中沙壁村三官庙正殿	后壁
9	窑栈村关圣庙正殿	后壁
10	贾村炎帝庙正殿	西壁
11	东李家庄村三义庙正殿	檐垫板

牛庄村西庙清代八仙图像是单独表现八仙的代表，中沙壁村三官庙表现八仙过海的画面，沟底村古佛堂东耳房仅表现吕洞宾和铁拐李。

伯方村仙翁庙的八仙形象与清代八仙形象存在差异，如韩湘子、何仙姑的特征不明显等。张果老作为仙翁庙的主要祭祀对象被突出表现，以骑驴、携鹤的形象被安排在两侧壁最上方。

扶市村仓颉庙正殿檐垫板分格绘制八仙,正中格内为寿星,形成八仙捧寿组合,体现"寿"的主题。同样绘在檐垫板上的八仙捧寿内容还见于东李家庄村三义庙正殿,檐垫板两格内描绘八仙中的四仙休闲的画面,寿星则悠闲地坐在瑶台的栏杆边,颇具生活气息。陕西延长七里村明代石窟右壁浮雕八仙捧寿,寿星乘鹤飞于空中,下方八仙朝上拱手而立。在高平考察中还见过寿星捧桃立于正中,两侧为八仙的清代木雕。

八仙捧寿主题应源于八仙过海为王母祝寿,高平地区的三处壁画描绘此内容。泉则头村观音堂表现八仙与其他神祇正在渡海,王母也正乘云前来,福、禄、寿三星已至瑶台。马家村玉皇庙绘王母乘云和寿星驾鹤正在前来,八仙中的三仙正在渡海,其他五仙已立在瑶台侧等候。西郭庄村关帝庙正殿后壁分扇表现王母、麻姑、天官,以及八仙中的三仙,可视为八仙捧寿的变体样式。

考察中还见到三处女仙为王母祝寿的主题壁画。窑栈村关圣庙绘七仙女和麻姑前来祝寿,西郭庄村关帝庙左耳房绘制七仙女采桃的画面,贾村炎帝庙可见乘风车前来祝寿的仙女。前两处还描绘了身形很小的孙悟空,使画面增添不少趣味,也体现了该题材与《西游记》之间的联系。

6. 隐逸题材

指描绘古代文人隐士的画面,文士多与花鸟、山水相间排列。高平清代壁画中此类主题较多,安排散乱,本节选取布局集中且具代表性的画面(表8)。画面中的文人隐士通常处于山水、林木、庭院之中,携仆童,访道友,下棋,抚琴,读书,赏画,赏花,饮茶,静观山湖林瀑。

表8 隐逸题材统计表

序号	殿宇	位置
1	柏枝庄村西天院东耳房	左右两侧壁
2	高良村观音堂正殿	后壁

表 8（续表）

序号	殿宇	位置
3	白家坡村观音堂正殿	后壁
4	马家村玉皇庙正殿	后壁
5	泉则头村观音堂正殿	左右两侧壁
6	丹水村二仙庙正殿	檐垫板
7	常家沟村炎帝庙正殿	后壁
8	大周村火神庙大殿	后壁
9	焦河村炎帝庙正殿	后壁
10	杜村关帝庙正殿	后壁
11	董家村西庙正殿	后壁
12	朱家庄村北庙正殿	后壁
13	岭坡村三官庙北耳楼	后壁

高良村观音堂 12 铺文士画面中的 11 铺内容明确，分别为李白爱鹅、周敦颐爱莲、葛仙翁吃米吐蜂、竹林七贤、孟浩然待梅、俞伯牙弹琴、苏东坡爱桐、陶渊明赏菊、杜甫游春、刘禹锡爱牡丹、吴道子画龙。丹水村二仙庙、马家村玉皇庙、杜村关帝庙内还描绘了米芾赏石和林逋观鹤。上述画面有些按照四季的顺序表现，组成四爱图，被反复描绘：春季为观瀑、游春、访友、泛舟、赏石、戏鹤等，夏季为周敦颐爱莲，秋季为陶渊明爱菊，冬季为孟浩然爱梅。孟浩然爱梅图中大多数画面为孟浩然骑驴行于布满积雪的山道上，扛梅枝的童仆随行，可称之为踏雪寻梅图或折梅图。而岭坡村三官庙绘文士正在崖壁折取梅花的画面。

文人隐逸题材大体分两类表现形式，其一为单独绘制，树、石等为衬托。如杜村关帝庙、丹水村二仙庙等。其二为将文士绘制在山水之中，与山水融合表现，如董家村西庙、常家沟村炎帝庙等。

此外，大周村火神庙大殿后壁壁画形式独特，通壁表现文士在途中遇友的内容，布局大气，绘制精妙。焦河村炎帝庙正殿后壁两扇以唐代诗人杜牧的《清明》和《山行》诗意为主题，描绘游人向牧童问路和在山林观红叶的情景，表现了春秋两季的文人雅趣。同样描绘唐人诗意的还见于岭坡村三官庙后壁中 4 扇图像，分别体现了《枫桥夜泊》《饮中八仙歌》和《清明》之诗意。柏枝庄村西天院东耳房侧壁、焦河村炎帝庙正殿后壁中段以及朱家庄村北庙正殿后壁中的高士，或饮茶下棋或写字题诗，文人逸趣体现得淋漓尽致。

7. 神话题材

民间常虚构一些能力非凡、超脱世间的神仙，大多具备超能力，特征鲜明。高平清代壁画的神话故事多取材于《西游记》《封神演义》等（表9），应该受到了当时话本、戏剧等艺术作品的影响。部分壁面常将神话题材与花鸟、山水等相间绘制，减弱其中的神圣和说教意味，着重突出其装饰作用，一些如刘海、和合二仙、福禄寿三星等广受民众喜爱的神仙也出现在其中。

表 9　神话题材统计表

序号	殿宇	位置
1	鹿宿村白龙庙正殿	檐垫板
2	举棒村仙翁庙正殿	后壁
3	马家村玉皇庙东耳房	后壁
4	泉则头村观音堂东耳房	后壁
5	丹水村二仙庙正殿	檐垫板
6	西郭庄村关帝庙右耳房	后壁
7	西孝门村祖师庙正殿	后壁
8	双井村炎帝庙正殿	檐垫板
9	董家村西庙正殿	后壁
10	石门村玉皇庙正殿	后壁
11	后河村觉正寺正殿	后壁

　　泉则头村观音堂东耳房和西李门村祖师庙正殿后壁绘制《封神演义》中诸神破关打斗的画面。《西游记》中的内容分布散乱，如举棒村仙翁庙正殿绘三打白骨精，石门村玉皇庙正殿绘孙悟空战琵琶精，西郭庄村关帝庙北（左）耳房也表现了蟠桃会的情节。董家村西庙正殿绘烂柯山传说画面，有意思的是斧子插在王质腰间，"烂柯"之事无法体现，或许画者对烂柯山传说只知其然，而不知其所以然。西郭庄村关帝庙右耳房绘制海神海怪，应该能与《八仙全传》中的内容对应，表现了龙胜蛟精以及海中众夜叉的形象。后河村觉正寺正殿描绘东方朔偷桃的故事，该内容与王母、寿星等主题相同，均体现"长寿"之意。

8. 婴戏（含求子与教子）题材

　　据考古发掘成果可知，唐代即出现婴戏图案。宋以来，卷轴画中大量表现婴戏题材，婴戏纹样也广泛出现在瓷器、金属器上。明清时，婴戏图达到繁盛期，图中儿童数量增加，也出现在服饰、壁画等上面。早期婴戏纹样着重表现孩子的天真烂漫，明清时注重传达儿童嬉戏场面中所隐喻的吉祥含义。高平清代壁画中常见与孩童相关的壁画（表10），主要体现求子、教子以及吉祥寓意。

　　企甲院村二仙庙西耳房两侧壁共描绘21组婴戏画面，马家村玉皇庙西耳房两侧壁绘制婴戏画面，寓意五子夺魁、平升三级、连中三元、状元及第、一品当朝、吉庆如意、封侯挂印等。东善村三官庙东耳房东壁以卷轴画的形式表现求子主题，婴戏画面处于下方，上方描绘男女神仙。西壁为张仙送子图，与婴戏图组合形成求子与送子的主题。相似实例还见于岭坡村三官庙正殿，前壁描绘送子神张仙，后壁配置婴戏图。后河村觉正寺正殿绘张仙送子与东方朔偷桃，对应表现送子与长寿的主题。阁老村汤王庙西耳房两侧壁分别表现张仙送子与刘海戏金蟾，体现多子多财的祈愿。同样以送子为主题的画面，还见于阁老村汤王庙西耳房后壁麒麟送子图，乘麒麟的童子手持如意，画面虽小，但清晰地表达了送子的含义。

表 10　婴戏（含求子与教子）题材统计表

序号	殿宇	位置
1	企甲院村二仙庙西耳房	左右两侧壁
2	马家村玉皇庙西耳房	左右两侧壁
3	岭坡村三官庙正殿	前壁、后壁和右壁
4	东善村三官庙东耳房	左右两侧壁
5	河东村关帝庙中殿	后壁
6	后河村觉正寺正殿	后壁
7	阁老村汤王庙西耳房	后壁和左右两侧壁
8	大周村火神庙大殿	左右两侧壁
9	吴村观音庙正殿	左右两侧壁

考察中见到大量的龙虎图基本以仿卷轴式或仿座屏式绘制在两侧壁。大龙与小龙、大虎与小虎组合的画面应表达"教子"之意，如大周村火神庙大殿东壁的大龙、小龙和西壁的大虎、小虎。与之类似的布局还见于河东村关帝庙中殿后壁。婴戏图与张仙送子图、龙虎教子图内涵接近，体现民众希冀多子多福和教子成材。

9. 花鸟画题材

花鸟画以动植物为描绘对象，多用工笔、写意、兼工带写等技法。早在战国时期我国就出现了独幅花鸟画，五代、两宋花鸟画趋于成熟，元、明、清时大为发展。画者多借花寄情，托鸟言志。高平地区的花鸟画数量较多，大多寓意吉祥，以四季为序绘制（表 11）。除纯粹的花鸟画以外，还有很多画面将花鸟与山水、人物等题材相间绘制，个别绘制在檐垫板内。

表 11　花鸟画题材统计表

序号	殿宇	位置
1	箭头村炎帝庙正殿	后壁

表 11（续表）

序号	殿宇	位置
2	箭头村三峻庙正殿	后壁
3	白家坡村观音堂正殿	后壁
4	鹿宿村白龙庙正殿	后壁和檐垫板
5	后沟村三官庙正殿	后壁
6	伞盖村仙翁庙西厢房	后壁
7	石门村玉皇庙正殿	后壁
8	石门村玉皇庙西厢房	后壁
9	企甲院村二仙庙西耳房	后壁
10	扶市村仓颉庙正殿	后壁
11	马家村玉皇庙正殿	后壁
12	马家村玉皇庙东耳房	后壁
13	靳家村观音堂正殿	后壁
14	东韩村观音庙正殿	后壁
15	丹水村二仙庙正殿	檐垫板
16	东靳寨村东庙正殿	后壁和左右两侧壁
17	西靳寨村书房院正殿	檐垫板
18	沟底村古佛堂东耳房	后壁
19	西郭庄村关帝庙正殿	后壁
20	常家沟村炎帝庙正殿	后壁
21	大西沟村成汤庙正殿	后壁
22	毕家庄村老君堂大殿	左右两侧壁
23	牛村玉皇庙正殿	檐垫板
24	杜村关帝庙正殿	后壁和檐垫板
25	西李门村祖师庙东厢房中殿	后壁
26	西李门村祖师庙西厢房中殿	后壁
27	双井村炎帝庙正殿	后壁
28	东李家庄村三义庙正殿	檐垫板
29	西李家庄村三官殿正殿	后壁
30	西李家庄村关帝阁大殿	后壁

表 11（续表）

序号	殿宇	位置
31	董家村西庙正殿	后壁
32	孝义村三教堂地藏殿	后壁
33	东善村三官庙东耳房	后壁
34	窑栈村关圣庙正殿	左右两侧壁
35	苟家村祖师庙	后壁
36	中庙村炎帝中庙正殿	檐垫板

西李家庄村关帝阁大殿后壁绘 8 扇仿挂屏式壁画，为少见的花鸟画，各扇均寓吉祥含义：花团锦簇、本固枝荣、松鹤延龄、富贵、凤凰来仪、一路连科、夫妻长寿、喜上眉梢。

纯粹花鸟画以外的花鸟题材多以四季为序，通常绘 12 扇，将花鸟、人物、山水相间绘制，由左至右排列，每 3 扇表现一个季节。花鸟画则为常见的梅、兰、竹、菊、禽、雀、凤、鹤等，人物画有高士隐逸、文人雅会等内容，山水画着重营造平远、深远与高远的意境。此类题材适应当时社会审美需求，大多具有吉祥含义，通过对花鸟草木以及山川人物的描绘寄情言志。

仿屏风式布局

高平地区遗存的大量仿屏风式壁画，是生活中屏风实物的刻意模仿。仿屏风式壁画弥补了实物屏风易损坏、价格高昂、占用空间等不足之处，还为基坛上的造像营造出具有装饰性或说明性的背景。高平明清寺观中的仿屏风式壁画具有轻教化、重装饰、数量多、分布广、题材多样等特点，体现了清代晋东南乡村庙宇的装饰特征和民众的审美趣味。

西李门村祖师庙东跨院老君殿后壁两侧表现八身道教神祇，可能绘于明代，画面四周绘制棕红色边框，下方描绘的方形裙板具备屏风特征，可视为实物屏风向仿屏风式壁画过渡的样例。康营村成汤庙前院和后院舞楼上及沟底村古佛堂舞楼上遗存的屏风均为 12 扇，残存大半，中部向内凹入，两侧设拱形门供演员上下场。上槛和屏心处绘制图像，裙板无纹样。若将上槛和拱形门去除，则屏风样式近似于仿屏风式壁画中的围屏。

　　仿屏风壁画数量约占高平古代壁画的60%，样式有仿座屏、仿围屏、仿插屏、仿折屏、仿挂屏等，几乎涵盖了清代屏风的主要式样，屏扇数量有1、4、6、8、10、12、14扇等，其中12扇围屏数量最多，其次为多扇（偶数）的围屏和挂屏样式，插屏与折屏数量较少。常见的12扇围屏位于后壁，两端的两扇折向两侧壁后缘，形成倒"凹"字形。10扇围屏亦表现在后壁，呈"一"字形排列。8扇或6扇呈"一"字形或分列于后壁两侧，或对应表现在两侧壁。仿座屏为面积较大的独扇屏风，屏心插于座内，通常位于后壁正中，以突出、衬托主尊塑像，也有的安排在两侧壁，每壁一扇。折屏分两类，一类为12扇，仅见一例；一类为6扇或8扇，正面可见4扇或6扇，其他屏扇折起，仅露上方边缘。挂屏无下部裙板，屏顶绘钉与环，通常分列于两侧壁。

　　屏风为室内挡风或作为障蔽的用具。屏风画是我国古老的绘画形式之一，也出现在石窟壁画和墓室壁画中。高平明清寺观内大量的仿屏风式壁画，使得壁面呈现"画中画"的现象，发挥了装饰和区分殿内空间的功能。

参考文献

王实甫 . 金圣叹批评本《西厢记》[M]. 金圣叹，批评 . 陆林，校点 . 南京：凤凰出版社, 2011.

郦道元 . 水经注校证 [M]. 陈桥驿，校证 . 北京：中华书局, 2007.

上海古籍出版社 . 清代笔记小说大观 [M]. 上海：上海古籍出版社, 2007.

沈括 . 梦溪笔谈 [M]. 侯真平，校点 . 长沙：岳麓书社, 2002.

罗贯中 . 三国演义 [M]. 长沙：岳麓书社, 2001.

徐征等 . 全元曲 [M]. 石家庄：河北教育出版社, 1998.

张双棣 . 淮南子校释 [M]. 北京：北京大学出版社, 1997.

马书田 . 中国道教诸神 [M]. 北京：团结出版社, 1996.

赵声良 . 莫高窟第六一窟（五代）[M].// 敦煌石窟艺术 . 南京：江苏美术出版社, 1995.

马书田 . 中国佛教诸神 [M]. 北京：团结出版社, 1994.

余象斗，吴元泰 . 古本小说集成：华光天王传 八仙出处东游记 [M]. 上海：上海古籍出版社, 1994.

郑振铎 . 中国古代版画丛刊 [M]. 上海：上海古籍出版社, 1988.

赵尔巽等 . 清史稿 [M]. 北京：中华书局, 1976.

宋濂 . 元史 [M]. 北京：中华书局, 1976.

房玄龄等 . 晋书 [M]. 北京：中华书局, 1974.

司马迁 . 史记 [M]. 北京：中华书局, 1959.

田汝成 . 西湖游览志余 [M]. 北京：中华书局, 1958.

陈士斌 . 西游真诠 [M]. 影印本 .［出版地不详］:［出版者不详］, 1696（乾隆三十五年）.

后 记

　　壁画表现的内容均有所依据，或描摹粉本，或再现戏剧，或表现诗意，不一而足，所谓"图必有意"，但均落脚于文本上。笔者依图索文、据文释图，有时需耗费三五日才能解读一处图像，一面是纷繁杂乱的壁画图像，另一面是浩如烟海的明清文献，加之有些论述相左，有些图像元素混用，解读过程可谓艰难。只可反复验证，屡查屡改，以期如实，但难免有误，亦请读者批评指正。

　　2005 年暑期，笔者首次随导师清华大学美术学院教授李静杰先生调查北方六省的石窟和古庙。2006 年、2007 年、2012 年暑期和 2014 年初，笔者随李静杰老师、林保尧老师率领的清华大学和台北艺术大学联合组织的陕北石窟考察队，对陕西北部石窟进行系统考察。数次考察为笔者系统学习和实践野外石窟考察方法提供了宝贵机会。考察期间，两位老师严谨务实的治学态度、渊博的学识都使笔者受益匪浅。本书在酝酿、撰写的过程中，李静杰老师多次关心指点，为笔者指明方向，在此感谢恩师教诲和帮助。

　　面对高平地区如此丰富的古代壁画资源，笔者深感对其进行普查、研究的必要性和重要性。时任高平市委宣传部部长牛晓明先生不遗余力地推进高平文化建设。机缘巧合，2013 年秋，在牛晓明先生的支持下，笔者与高平市文化研究与创意产业中心签订协议并设立项目，对高平古代寺观壁画的考察和解读等基础研究工作得以顺利进行。

　　2013 年冬至 2014 年夏，笔者数次进行野外考察，始终参与调研的有刘伟和郭亮，本书中绝大多数图片就是他们辛勤拍摄的。不能忘记刘伟拍照时从基坛上摔下手中仍高举相机的情景。北京龙骧文化艺术传播有限公司的王建保先生出于对中华优秀传统文化的热爱，参与了前期的大部分考察。此外，很荣幸能与吕书炜、郭亮、贾海婷、张孟思、郭玲玲、程峰、李海安等同仁同心协力进行测量、拍照、录文、访谈等工作，在此感谢诸位同仁的不懈努力。妻子乔冰梅极力支持笔者的考察等工作，不仅协助笔者抄写碑文，还核查文献，更是包揽一切家务，使笔者得以安心写作，在此感谢妻子的支持和鼓励。刘伟申报的《艺术生态视域下的高平寺观壁画群研究》项目，喜获 2015 年度教育部人文社会科学研究青年基金项目（项目编号 15YJC760064），现已顺利结项。

青岛出版集团致力于传播与弘扬中华优秀传统文化，本书得以顺利出版离不开青岛出版集团总编辑李海涛先生、青岛出版社原副总编辑李忠东先生、总编辑助理申尧先生的大力支持，与设计师乔峰先生、编辑张凯歌女士的辛勤工作密不可分，在此特别感谢。

戴纯纂、傅德宜修《乾隆高平县志》第六卷《风俗》载："（高平民风）淳而好义，俭而循礼，勤于力田，多嗜文学。其民俭朴而敦本，有唐晋遗风。"考察期间诸庙宇大多为村民义务管理，他们扫尘除草，落锁闭门。当管理者明了笔者考察之意，无不协助，颇具先民遗风。更难忘考察时我们早出晚回，星月相伴，做饭的大娘无论多早都从家赶来做早饭，让我们吃过早饭后再动身，无论多晚都等我们回来吃过晚饭后才回家。守门的大爷夜里数次起身添煤以保持房间内的温度，牺牲自己休息时间换来我们安稳的睡眠。在此一并致谢。

谷东方　2023 年 5 月第三次修改